"十二五"国家重点图书出版规划项目

中国史话 · 社会系列

亳州史话

A Brief History of Bozhou

亳州市文联 编

社会科学文献出版社
SOCIAL SCIENCES ACADEMIC PRESS (CHINA)

《中国史话》编辑委员会

主　　任　陈奎元

副 主 任　武　寅　高　翔　晋保平　谢寿光

委　　员（以姓氏笔画为序）
　　　　　　卜宪群　马　敏　王　正　王　巍
　　　　　　王子今　王建朗　邓小南　付崇兰
　　　　　　刘庆柱　刘跃进　孙家洲　李国强
　　　　　　张国刚　张顺洪　张海鹏　陈支平
　　　　　　陈春声　陈祖武　陈谦平　林甘泉
　　　　　　卓新平　耿云志　徐思彦　高世瑜
　　　　　　黄朴民　康保成

秘 书 长　胡鹏光　杨　群

副秘书长　宋月华　薛增朝　黄　丹　谢　安

《亳州史话》编辑委员会

主　　任　沈　强

副 主 任　汪一光　王玉玺

委　　员　侯　化　陈　亮　怀　颖　时明金
　　　　　　武子轩

出版策划　武子轩

特邀编辑　潘学峰

编　　辑　王淳杰　张凤海　孙志保　李兴田
　　　　　　任　明　任亚东

摄　　影　武子轩　王淳杰　李兴田　胡卫国
　　　　　　张平安　刘文华　王　建　潘天阳

总　序

　　中国是一个有着悠久文化历史的古老国度，从传说中的三皇五帝到中华人民共和国的建立，生活在这片土地上的人们从来都没有停止过探寻、创造的脚步。长沙马王堆出土的轻若烟雾、薄如蝉翼的素纱衣向世人昭示着古人在丝绸纺织、制作方面所达到的高度；敦煌莫高窟近五百个洞窟中的两千多尊彩塑雕像和大量的彩绘壁画又向世人显示了古人在雕塑和绘画方面所取得的成绩；还有青铜器、唐三彩、园林建筑、宫殿建筑，以及书法、诗歌、茶道、中医等物质与非物质文化遗产，它们无不向世人展示了中华五千年文化的灿烂与辉煌，展示了中国这一古老国度的魅力与绚烂。这是一份宝贵的遗产，值得我们每一位炎黄子孙珍视。

　　历史不会永远眷顾任何一个民族或一个国家，当世界进入近代之时，曾经一千多年雄踞世界发展高峰的古老中国，从巅峰跌落。1840年鸦片战争的炮声打破了清帝国"天朝上国"的迷梦,从此中国沦为被列强宰割的羔羊。一个个不平等条约的签订,不仅使中国大量的白银外流,更使中国的领土一步步被列强侵占,国库亏空,民不聊生。东方古国曾经拥有的辉煌,也随着西方列强坚船利炮的轰击而烟消云散,中国一步步堕入了半殖民地的深渊。不甘屈服的中国人民也由此开始了救国救民、富国图强的抗争之路。从洋务运动到维新变法,从太平天国到辛亥革命,从五四运动到中国共产党领导的新民主主义革命,中国人民屡败屡战,终于认识到了"只有社会主义才能救中国,只有社会主义才能发展中国"这一道理。中国共产党领导中国人民推倒三座大山,建立了新中国,从此饱受屈辱与践踏的中国人民站起来了。古老的中国焕发出新的生机与活力,摆脱了任人宰割与欺侮的历史,屹立于世界民族之林。每一位中华儿女应当了解中华民族数千年的文明史,也应当牢记鸦片战争以来一百多年民族屈辱的历史。

当我们步入全球化大潮的21世纪,信息技术革命迅猛发展,地区之间的交流壁垒被互联网之类的新兴交流工具所打破,世界的多元性展示在世人面前。世界上任何一个区域都不可避免地存在着两种以上文化的交汇与碰撞,但不可否认的是,近些年来,随着市场经济的大潮,西方文化扑面而来,有些人唯西方为时尚,把民族的传统丢在一边。大批年轻人甚至比西方人还热衷于圣诞节、情人节与洋快餐，对我国各民族的重大节日以及中国历史的基本知识却茫然无知，这是中华民族实现复兴大业中的重大忧患。

中国之所以为中国，中华民族之所以历数千年而不分离，根基就在于五千年来一脉相传的中华文明。如果丢弃了千百年来一脉相承的文化，任凭外来文化随意浸染，很难设想13亿中国人到哪里去寻找民族向心力和凝聚力。在推进社会主义现代化、实现民族复兴的伟大事业中，大力弘扬优秀的中华民族文化和民族精神，弘扬中华文化的爱国主义传统和民族自尊意识，在建设中国特色社会主义的进程中，构建具有中国特色的文化价值体系，光大中华民族的优秀传统文化是一件任重而道远的事业。

当前，我国进入了经济体制深刻变革、社会结构深刻变动、利益格局深刻调整、思想观念深刻变化的新的历史时期。面对新的历史任务和来自各方的新挑战，全党和全国人民都需要学习和把握社会主义核心价值体系，进一步形成全社会共同的理想信念和道德规范，打牢全党全国各族人民团结奋斗的思想道德基础，形成全民族奋发向上的精神力量，这是我们建设社会主义和谐社会的思想保证。中国社会科学院作为国家社会科学研究的机构，有责任为此作出贡献。我们在编写出版《中华文明史话》与《百年中国史话》的基础上，组织院内外各研究领域的专家，融合近年来的最新研究，编辑出版大型历史知识系列丛书——《中国史话》,其目的就在于为广大人民群众尤其是青少年提供一套较为完整、准确地介绍中国历史和传统文化的普及类系列丛书,从而使生活在信息时代的人们尤其是青少年能够了解自己祖先的历史,在东西南北文化的交流中由知己到知彼,善于取人之长补己之短,在中国与世界各国愈来愈深的文化交融中,保持自己的本色与特色,将中华民族自强不息、厚德载物的精神永远发扬下去。

《中国史话》系列丛书首批计200种,每种10万字左右,主要从政治、经济、文化、军事、哲学、艺术、科技、饮食、服饰、交通、建筑等各个方面介绍了从古至今数千年来中华文明发展和变迁的历史。这些历史不仅展现了中华五千年文化的辉煌,展现了先民的智慧与创造精神,而且展现了中国人民的不屈与抗争精神。我们衷心地希望这套普及历史知识的丛书对广大人民群众进一步了解中华民族的优秀文化传统,增强民族自尊心和自豪感发挥应有的作用,鼓舞广大人民群众特别是新一代的劳动者和建设者在建设中国特色社会主义的道路上不断阔步前进,为我们祖国美好的未来贡献更大的力量。

陈奎元

2011年4月

出版说明

自古至今，始终坚持不懈地从漫长的文明进程中不断总结历史经验教训，从中汲取有益营养，从而培植广阔的历史视野，并具有浓厚的历史意识，这是我们中国文化独有的鲜明特征，中华民族亦因此而以悠久的"重史"传统著称于世。在整个人类文明史上独一无二、系统完备的"二十四史"即证明了这一点。

中华人民共和国成立后，历史知识普及工作被放到十分重要的位置。20世纪五六十年代，著名历史学家吴晗主持编写的《中国历史小丛书》，90年代中国社会科学院院长胡绳组织编写的《中华文明史话》和《百年中国史话》，成为"大家小书"的典范，而后两套历史知识普及丛书正是《中国史话》之缘起。

2010年年初，为切实贯彻中央关于"做好历史知识普及工作"的指示精神，同时也为了更好地弘扬中国传统文化，我们对《中华文明史话》和《百年中国史话》

两套丛书的内容进行了修订和增补,重新设计框架,以"中国史话"为丛书名出版。第十一届全国政协副主席、时任中国社会科学院院长陈奎元亲任《中国史话》一期编委会主任,时任中国社会科学院副院长武寅任编委会副主任。正是有了各级领导的关心支持和诸多学术名家的积极参与,《中国史话》一期200种图书得以顺利出版,并广受好评。

《中国史话》丛书的诞生,为历史知识普及传播途径的发展成熟,提供了一种卓具新意的形式。这种形式具有以通俗表述、适中篇幅和专题形式展现可靠历史知识的特征。通俗、可靠、适中、专题,是史话作品缺一不可的要素,也是区别于其他所有研究专著、稗官野史、小说演义类历史读物的独有特征。

囿于当时条件,《中国史话》一期的出版形式不尽如人意,其内容更有可以拓展的广阔空间,为此2013年4月我们启动了《中国史话》二期出版工作。《中国史话》二期分为经济、政治、文化、社会和生态五大系列,拟对中国各区域、各行业、各民族等的发展历史予以全方位介绍。我们并将在适当时机,启动《世界史话》的出版工作。史话总规模将达数千种。

我们愿携手海内外专家学者,将《中国史话》《世界史话》打造成以现代意识展现全部人类历史和人类文明,集学术性、知识性、趣味性于一体的"万有文库"；并将承载如此丰厚内容的史话体写作与出版努力锻造成新时期独具特色的出版形态。

希望史话丛书能在形塑民族历史记忆、汲取人类文明精华、培育现代国民方面有所贡献，并为广大读者所喜爱。

史话编辑部
2014年6月

目录 Contents

序 ··· 1

一 亳州概览 ··· 1
  1. 自然地理 ··· 1
  2. 建置沿革 ··· 3
  3. 文化述略 ··· 5
  4. 资源概况 ··· 7

二 兵戎战事 ·· 12
  1. 古代烽烟 ·· 12
  2. 近代风云 ·· 18

三 文化特色 ·· 48
  1. 民间艺术 ·· 48

2. 特色物产 ………………………………… 64
　　3. 美食名吃 ………………………………… 79

四　历史人物 ………………………………………… 86
　　1. 古代人物 ………………………………… 86
　　2. 近代人物 ………………………………… 120

五　景观胜境 ………………………………………… 124
　　1. 古迹遗存 ………………………………… 124
　　2. 宫庙祠馆 ………………………………… 144
　　3. 商贾踪迹 ………………………………… 161

六　现代风貌 ………………………………………… 170
　　1. 经济发展 ………………………………… 170
　　2. 开放招商 ………………………………… 173
　　3. 科教事业 ………………………………… 175
　　4. 文化、卫生和体育 ……………………… 176
　　5. 社会保障 ………………………………… 177

参考文献 …………………………………………… 179

序

  亳州市位于安徽省西北部,是京九铁路进入安徽的第一站,是国家历史文化名城、首批中国优秀旅游城市、中国长寿之乡、中国武术之乡、华佗五禽戏之乡。

  亳州历史悠久,源远流长,是中华民族古老文化的发祥地之一。从被称为"中国原始第一村"的尉迟寺、清风岭、傅庄等10多处史前文化遗址出土的文物来看,早在七八千年前就有人类在此聚落、劳作、繁衍、生息,并进入农业文明时代。亳州有史记载可追溯到3800年前,商汤王在此建都,成为当时政治、经济、文化的中心。三国时,曹丕把谯县(亳州)定为"四大国都"之一。到了唐宋时期,亳州的交通地理位置变得十分重要,"南北通衢,中州锁钥",这大大加快了亳州经济的繁荣发展,被称为天下"望州"。元末,刘福通拥立韩林儿起义,以亳州城为都。所以,亳州又被称作"三朝古都"。明、清时期，亳州成为皖豫苏鲁间的重要商埠，商业空前繁荣，为南北货物的集散地，并一直延续至今。

亳州，人杰地灵，名人辈出，灿若星辰，被选入《中国历史名人大辞典》的多达100多人。上古五帝之一的帝喾，一代圣君商汤，先秦伟大的思想家、哲学家老子、庄子，东汉时期开创了一代文风的"曹氏父子"，发明五禽戏、麻沸散的著名医学家华佗，南北朝时代父从军、千载传颂的巾帼英雄花木兰，唐宋时期以画马神技享誉华夏的画家曹霸和以《悯农诗》而名扬四海的著名诗人李绅，宋朝时被称为道教鼻祖的陈抟，等等。

亳州资源丰富，产业特色鲜明。全市现有国家、省、市级重点文物保护单位200多处，其中，国家级保护单位7处、省级保护单位37处。二夹弦、华佗五禽戏被列入国家非物质文化遗产名录，大班会、亳州剪纸等20个项目被列入省级非物质文化遗产名录。亳州自古是"中华药都"，有全国规模最大的"中国（亳州）中药材交易中心"，1995年，江泽民同志题词"华佗故里，药材之乡"。亳州是"华夏酒城"，素有"酒乡"之誉，拥有以古井贡、高炉家等为代表的著名酒类品牌。亳州还是有名的"皖北粮仓"、新兴能源城市。

透过历史烟云，我们不难发现，千百年来，生活在这片土地上的人们从来都没有停止过探索、创造的脚步，淳朴、勤劳的亳州人将中华民族的优良风尚、传统代代不息地传承下来，形成了独特的地域风俗、文化、习惯，也养成了诚实热情、包容豁达、吃苦耐劳、百折不挠的品格。这是一笔非常宝贵的精神财富。

  如今的亳州正焕发着无限的生机和活力，经济社会持续快速发展，现代化建设日新月异。知史明志，薪火相传。为传承历史文明，建设文化强市，我们组织有关专家编撰了《亳州史话》一书，让人们更好地了解先辈们曾经创造的灿烂文明和辉煌业绩，以及他们奋发图强，无私奉献，建设活力亳州、美丽亳州、幸福亳州的历史。

  我们坚信，亳州的明天将更加美好灿烂！

2014 年 6 月

一 亳州概览

1 自然地理

亳州市位于安徽省西北部,全境跨东经115°53′~116°49′,北纬32°51′~35°05′,呈东南、西北向斜长形,长约150公里,宽约90公里。辖境与黄河决口扇形地相连,属平原地带,地势平坦。亳州西部、北部与河南省接壤,南部和东部依次与阜阳市、淮南市、蚌埠市、宿州市和淮北市毗邻。2000年组建地级亳州市,辖谯城区、涡阳县、蒙城县和利辛县,面积8394平方公里。2013年末,全市户籍人口632.9万人。

亳州地理位置优越,交通通信便捷。北距欧亚大陆桥、商丘机场60公里,南距阜阳机场120公里,距省城合肥340公里。京九铁路、徐阜铁路纵贯南北东西,南(京)洛(阳)、济(南)广(州)和许(昌)泗(洪)高速公路在境内纵横交叉穿行;311、105国道,202、203、224、305、307、308

省道畅通便捷；涡河、茨淮新河航运可直接通江入海。商（丘）合（肥）杭（州）高铁已获国家发改委批复正式立项；济（南）祁（门）高速已开工建设；亳州邮电通信网遍及城镇乡村，与全国乃至世界的联系方便快捷。

由于受河流蜿蜒切割变迁和黄河历次南泛的影响，亳州形成平原中岗、坡、碟形洼地相间分布，具有"大平小不平"的地貌特征。土壤主要是砂礓黑土，其次是潮土、棕壤土类，并有少量石灰土。全市气候处在暖温带南缘，属暖温带半湿润气候区，有明显的过渡性特征，主要表现为季风明显，气候温和，光照充足，雨量适中，秋高气爽，冬长且干。全市年平均气温14.9℃，年平均日照2184小时，年平均无霜期213天，年平均降水量831毫米。

辖区内河流属淮河水系，主要干流河道有涡河、西淝河、茨淮新河、北淝河、芡河等。涡河自谯城区安溜镇入境，东南

涡河蜿蜒向远方

流经涡阳县至蒙城县移村出境入怀远县，境内长173公里，流域面积4039平方公里；西淝河自谯城区淝河镇入境，东南流经涡阳县，至利辛县展沟镇出境入凤台、颍上县界，境内长123.4公里，流域面积1871平方公里；茨淮新河自利辛县大李集镇入境，向东流经利辛县境南部，至蒙城县邹楼出境入怀远县，境内长66公里，流域面积1401平方公里。

2 建置沿革

亳州历史悠久，大量新石器时期遗存表明，远在七八千年以前，就有人类在此生息繁衍，是中华民族古老文化的发祥地之一。炎黄时代，帝喾（黄帝曾孙）代颛顼为帝，都于亳（今亳州市）。夏朝，境西北为有虞氏，东南为涂山氏。商成汤选任贤能，归顺者众，一举灭夏，建立商朝，都亳（今亳州市）。商朝在亳州境内建嵇方国。周初，亳州境内置焦国，后属陈国，又属楚国。秦代，隶泗水郡，后隶砀郡。西汉，隶沛郡，今蒙城县称山桑县。东汉，隶豫州沛国，建安年间置谯郡。魏黄初二年（221），改谯为都。南北朝时期，改谯县为小黄县，于谯郡置南兖州。北周大象元年（579），始改南兖州为亳州。隋大业三年（607），复改小黄县为谯县。唐开元年间，诏以亳州为"望"州府之一。唐天宝元年（742），山桑县改称蒙城县。五代时期，亳州先后置宣武军、防御州、团练州。北宋大中祥符年间，升为集庆军，置节度使。元代，改属河南江北行中书省归德府。明初，亳州改隶凤阳府。清雍正二年（1724），亳州升为直隶州。雍正十三年（1735），降为散州，隶颍州府。同治三年（1864），清政府在亳、阜、蒙、宿接壤处，以雉河集为县治，循北魏古郡名，设立涡阳县。民国元年（1912），亳州改为亳县，隶安徽省凤颍六泗道（后改名淮泗道）。民国37年（1948）8月成立亳州市，辖城关及郊区，与其他边区县并存。民国38年（1949）2月市、县合并，恢复亳县建置，隶阜阳专员公署。1964年10月，国务院决定从阜阳、涡阳、蒙城、凤台各划出部分行政区域，为利辛县行政区域，治所设于利辛集。1986年3月撤亳县建亳州市（县级），其辖区不变；同年，被批准为国家历史文化名城和对外开放城市。1998年2月收归安徽省直接管辖（享受副地级待遇）。2000年5月，国务院批准设立地级亳州市。

鸟瞰亳州市区图

3 文化述略

亳州地处涡（河）淮（河）流域，为南北文化的分界线，在长期的历史文化融合、交流、积淀中造就了特色鲜明的亳文化。

亳文化与地处皖南的徽文化都具有开放广博、兼收并蓄、兴文重商的共性，但由于历史、地域等多种因素的影响，两者又体现出不同的个性特征。徽文化接近于吴越文化，恰如一位妙龄少女，端庄秀丽，纤巧细腻，宁静柔婉；亳文化则更多地融入了中原文化，好似一位阳刚男子，侠义粗犷，直率豁达，质朴厚重。亳文化与徽文化遥相呼应，形成了"南有徽文化、北有亳文化"并蒂绽放的画面，共同孕育了灿烂的皖地文明。

亳州英才辈出，人文荟萃。千百年来，这块古老神奇而又生机勃勃、美丽富饶的土地，诞生出许多文治武功、彪炳史册的先哲名流。名扬四海的道家学派创始人老子，在中国思想史领域占有重要地位，他的经典著作《道德经》，文约辞要、博大精深，被誉为"万经之王"。一代圣哲庄子，曾为漆园吏，其彪炳千秋的《南华经》，教育和启发一代又一代的中国人探索宇宙的真理、养生的道理，影响着当地的民风，被王安石赞道："吏无田甲当时气，民有庄周后世风。"历史上著名的政治家、军事家、文学家魏武帝曹操，曾任东汉丞相，讨伐称霸诸侯，统一中国北方；他与子曹丕、曹植诚诏天下文人墨客，倡导推动文学艺术兴盛繁荣，形成独具风骨的建安文学；曹操

"煮酒论英雄""横槊赋诗"的英雄气概,使天下有识之士为之倾倒。魏文帝曹丕,生于战乱年代,青少年时随父征战南北,好弓马,诵诗、论,熟读"五经""四书"《史记》《汉书》,诸子百家之言,无不毕览;曹操死后,丕袭魏王、丞相。延康元年(220),曹丕代汉称魏文帝,都洛阳。陈思王曹植,三国时杰出的诗人,他的传世佳作《七步诗》《送应氏》等,基调开朗豪迈,辞情慷慨,俊逸刚健,读之令人荡气回肠。神医华佗在医学、医术、医药上造诣精深,临床各科无不精通;他发明的麻沸散,在世界医学史上最早应用于全身麻醉手术,比西方国家早1600多年;他首创的五禽戏已成为人们的养生之术。巾帼英雄花木兰代父从军的故事,妇孺皆知。宋名士陈抟博学多识,精于诗、文、书、画、易学,被誉为奇人。宋代欧阳修、曾巩、晏殊等文坛巨子相继在亳为官,对当地文坛产生深远影响。杂剧创作家孟汉卿、悯农诗人李绅、捻军首领张乐行等,都是这块蕴才积盛之地的骄子。他们创造了闻名于世、享誉海内外的道家文化、曹魏文化、中医药文化、酒文化等亳州特色文化,为辉煌的中华古代文明做出不可磨灭的贡献。

悠久的历史和灿烂的文化,给亳州大地留下众多名胜古迹和宝贵的文化遗产。亳州境内有各级文物保护单位200余处,其中国家级保护单位7处、省级保护单位37处。这些古迹融自然风光与人文景观于一体,处处蕴含丰厚的文化底蕴,彰显亳州文物古迹的特色风采。国家级重点文物保护单位花戏楼,砖木镂雕双绝,其建筑巧夺天工、闻名于世,令人赞叹不已。

全国著名的宫观天静宫,俗称老子庙,又名中太清宫,规模宏大,紫气萦回,气势非凡。汤陵丘埠巍然,古木虬枝盘空,苍碑夹道耸立,置身园中,凭吊先贤,景仰之情油然而生。被誉为"地下长城"的曹操运兵道,纵横交错,巧妙相连,堪称古代军事史上的奇迹。当代文史大家郭沫若亲题馆名的华祖庵,庙祠完整,古朴典雅,为亳州一大胜迹。占地十多平方公里、建筑考究、工程浩大的曹氏宗族墓群,金碧辉煌、殿宇宽敞的道德中宫,造型美观、高耸云霄的薛阁塔和万佛塔,建筑巍峨、清幽雅静的白衣律院及清真古寺,嵇山之巅、古风依然的嵇康故居,方丈凸石、平滑如砥、印有巨人所压之痕的陈抟卧迹,明清风格犹存、古色古貌依旧的老街古巷等,名胜遍布,古韵悠然。亳州二夹弦、五禽戏被国务院公布为国家级非物质文化遗产,亳州清音、淮北大鼓、古井贡酒酿造工艺等,被安徽省政府公布为省非物质文化遗产。此外,正在开发与保护的还有蒙城尉迟寺古遗址、涡阳新兴集新四军第四师司令部旧址等。1986年,亳州被命名为"国家历史文化名城";1998年,被评为"全国首批优秀旅游城市"。

4 资源概况

亳州物阜民丰,资源富饶,特色突出,经济繁荣,是全国重要的药材、商品粮、优质煤、优质棉生产基地,拥有药材、酿酒、果蔬、畜禽、矿产等资源和经济优势,地方名特优稀产品较多,特色经济凸显。

中药材

亳州自古就有"药都"之称，是中医药文化的摇篮，是全国闻名的中药材种植基地。自东汉末年华佗开辟第一块"药圃"开始，亳州种植、经营中药材之风日益盛行，至今已有1800多年的历史。在中国《药典》上冠以"亳"字的就有"亳芍""亳菊""亳桑皮""亳花粉"四种，其中白芍占全国总产量的60%。全市中药材种植已达400多个品种，共有800多个中药材种植专业村、8个中药材种植基地，药材种植面积65万亩。亳州市已经形成全国最大的中药饮片产业集群，并于2007年被中国医药保健品进出口商会授予"中国中药饮片出口基地"。目前，全市共有中药材加工生产企业42家，其中39家通过GMP认证。亳州建有全国规模最大、设施最好、档次最高的现代化的康美国际中药城，成为全国最大的中药材集散地。亳州中药产业正处在加快发展之中，形成包括现代中药研发、中药材种植、中药饮片加工、中药材提取物生产、中药保健品、中成药制造和综合配套服务等在内的较为完整的产业链。1995年，江泽民同志欣然为亳州题词："华佗故里，药材之乡"。

酿酒

亳州酿酒年代久远，自古就是名酒之乡，如今已成为中国白酒主要生产基地之一。

春秋时期起，当地就用古井甘泉酿酒，此后酿酒业代代相传。建安元年（196），曹操将家乡酿制的"九酝春酒"贡奉汉献帝，被列为宫廷用酒，年年进贡朝廷。"九酝春酒"即为今"古井贡酒"之前身。传统酿造工艺与现代科技凝结而成的古井贡酒，以其"色清如水晶，香醇似幽兰"被誉为"酒中牡丹"，香飘五大洲，饮誉海内外，并跻身中国八大名酒之列。古井集团有限责任公司属国家大型一档企业，安徽省重点企业集团之一，已发展成为集科、工、贸、金融为一体，跨行业、跨地区、多层次、多功能的综合经济实体。

安徽双轮酒业系国家大型一档企业，全国浓香型大曲酒最好的生产基地之一，全国轻工系统先进单位，产品主要有"高炉""高炉家""和谐家""双轮"四大系列，高、中、低档200多个品种，在国内外多次荣获大奖。该企业拥有注册商标近400个，其中中国驰名商标2个、安徽省著名商标4个、安徽省名牌产品2个；拥有国家各类技术专利60多项。该企业是中国白酒业拥有商标、专利最多的企业之一。

目前，全市共有大小白酒企业130余家，其中有白酒生产许可证的企业125家，年产各类白酒10多万吨，占安徽省白酒产量的近一半。全市有规模以上饮料制造（白酒）企业20家，白酒行业形成了以古井集团为龙头，以双轮集团、井中集团、板桥酒业、金不换酒业等一批骨干企业为支撑的发展格局，实现年工业总产值30亿元，从业人员近2万人。

农畜产品

亳州是全国最大的黄牛产区，肉类年产量40多万吨，蒙城、涡阳、利辛三县是全国黄牛生产大县，被誉为中国黄牛"金三角"。近年来，优质山羊、生猪、禽类、水产养殖也取得长足发展。禽蛋产量、奶类产量、水产品产量、畜牧业总产值等每年都有大幅增长。以牛皮、山羊板皮为主的皮张年出口数十万张，各类畜禽产品远销世界各地。1998年，涡阳成为全省第一个"活猪供港"基地，填补了安徽省该项目的空白。

亳州是全国优质农副特产品生产基地，盛产小麦、大豆、玉米、棉花、烟叶等粮油经济作物。建有国家级蔬菜批发市场，该市场辐射全国十多个省、市，成为苏、鲁、豫、皖交界处100多个县市重要的果菜区域集散中心、信息传播中心、科技推广中心，被农业部命名为"全国定点鲜活农产品批发市场"。谯城区、蒙城县被评为安徽省蔬菜生产"十强县"；谯城区通过国家级无公害蔬菜生产示范基地县验收，被定为"国家级园艺产品出口示范区"；涡阳苔干基地被评为安徽省蔬菜十大特色基地，被农业部命名为"中国苔干之乡"。粉皮、粉丝、苹果、蘑菇等也都具备一定的生产规模。

林木资源

亳州市现有林木种植面积248万亩，其中农田林网面积217万亩。亳州杨树资源丰富，有杨树种植面积170万亩，桐木种植面积40万亩，亳州在商代就有"桐宫桑林"之称，享有"桐乡"的美誉。所产亳桐木质细腻，体轻纹美，结构均匀，防腐耐潮，备受日本和东南亚各国青睐，每年都有大量出口。全市林木覆盖率17.31%，绿化率19.32%。近年来，亳州市林业社会总产值、原木生产量、生产锯材量等迅速提高。涡阳、蒙城两县和谯城区被评为全国造林绿化"百佳县""先进县"或"示范县"。

矿产资源

亳州地下蕴藏丰富的煤炭资源，目前已探明煤炭储量57亿吨，居安徽省第三位，且煤层稳定，煤质优良，煤种齐全。现在全市已经形成矿产20多处，许疃煤矿（年产300万吨）、涡北煤矿（年产120万吨）已经投产，刘店（年产150万吨）、板集（年产300万吨）、涡阳袁店二矿等煤矿正在建设，预计"十二五"末，将建成8座大型煤矿，年产量可达1500万吨。另外，亳州还蕴藏有丰富的石油、天然气、石灰岩等矿产资源。

二　兵戎战事

1　古代烽烟

春秋楚成王三十五年（前637），楚将成得臣率兵伐陈，取谯夷城（今涡阳境内）。

鲁昭公十二年（前530），楚灵王伐徐（今徐州），两度驻兵乾溪沟（今标里、临湖境内）。周敬王三十四年（前486），楚又伐陈，取焦、夷。

秦二世元年（前209）爆发了我国历史上第一次农民大起义。陈胜、吴广在蕲县大泽乡（今宿州市境内）举起反秦大旗，各地农民纷纷响应，一个月之内连占铚、酂、苦、柘、谯（谯、苦、铚三县内皆有现在之涡阳境地），公推陈胜为王，国号张楚。义军如星火燎原，迅猛发展，沉重打击了秦朝政权。次年底，陈胜自汝阴（今阜阳）至下城父聚（今涡阳县城），为御者庄贾所杀，葬芒砀山（今永城）。

陈胜吴广起义图

不久秦亡，楚汉相争。汉高祖元年（前206），汉将灌婴攻打谯县。城父地归汉。

新莽地皇四年（23），西汉皇族刘永在睢阳（今商丘县南）称梁王。东汉建武三年（27）七月，东汉虎牙大将军盖延攻克睢阳，活捉刘永。刘永部将苏茂、周建改立刘永之子刘纡为梁王，逃往山桑县垂惠（今涡阳县与蒙城县交界的红城）。建武四年（28）七月，刘秀直抵谯郡（今亳州市），指挥捕虏将军马武、偏将军王霸进攻垂惠。苏茂则率4000兵截击马武军粮，周建直从垂惠出兵夹击，相持数月，胜负未决。次年二月，王霸乘敌疲惫之机，立即发起攻击，并以火攻城，苏、周溃败逃窜。

汉献帝建安十四年（209），曹操驻兵于谯，造轻便帆船在涡水训练水军，同年秋七月，由涡水入淮河。建安十七年

（212），曹操与吴交战，派兵驻谯城近郊（内有今涡阳境地）。魏黄初六年（225）五月，魏文帝曹丕至谯，领水军由涡水入淮攻吴。

西晋永嘉五年（311）五月，晋司空荀晞随豫章王司马端，为晋怀帝建行宫于蒙城（今涡阳蒙关店）。同年秋，匈奴刘渊派石勒攻之，将司马端、荀晞一并掳去。

东晋建武元年（317）六月，晋平西将军祖逖率军取谯城，汉将石虎围谯，祖逖率军反击，石虎败逃。

东晋太和四年（369），晋大司马桓温率师北伐，派袁真攻谯，克之。温又战不利，粮秣用尽，又遭慕容垂攻击，于谯城大败。

东晋永和七年（351），后赵骠骑将军、豫州刺史姚襄归降前燕为平北将军、并州刺史。次年，前燕迁都到邺城（今河北省临漳县），襄又率众投东晋，被封为梁国内史，不受重用，反遭晋建武将军、扬州刺史殷浩的排挤，怀恨在心。

永和九年（353）十月，东晋为修复洛阳园陵，与前秦争夺中原，遂委殷浩为中军将军，假节都督扬、徐、豫、兖、青五州军事，自寿春（今寿县）率众7万向洛阳进发。以姚襄为先锋。姚襄兵至山桑县城（今蒙城县坛城镇），先设伏兵，而自己引兵北上，并令部众夜逃。殷浩闻讯追至山桑，姚襄则纵兵袭击殷浩。殷浩军大败，士兵被俘杀万余人。姚襄派其兄姚益守山桑。十一月，殷浩派其部将刘启、王彬之攻击山桑的姚益，姚襄自淮南进击，击毙刘启、王彬之二人后，进驻芍陂（今寿县境内）。十二月，晋帝免除殷浩的职务。

晋穆武帝太元七年（382），晋将谢玄、谢石率兵8万，在淝水大败前秦苻坚90万大军，即历史上著名的"淝水之战"。谢玄率部直追至涡、颍一带，收复大片国土。

南朝宋元嘉八年（431）正月，宋文帝派王玄谟率宋军围攻北魏滑台（今河南省滑县），被北魏军打败。宋太尉檀道济领军队救援，在寿张打败了北魏军队。二月，宋军粮草断绝，回到山桑（今蒙城县坛城），北魏军随后追赶。一天夜晚，檀道济令士兵唱筹量沙，把所余饷米盖在沙堆上。到天亮，北魏军见城中粮食充足，怕中计，遂撤退。宋军转危为安（后改山桑城为檀公城，量沙台在今坛城西）。

北魏皇兴二年（468），北魏大举南进，夺取南朝宋淮北四州，建涡州涡阳县（治所在原山桑县城，后迁至今蒙城涡河闸北），以南兖州刺史赐爵亳州侯孟表守涡阳县城。南齐永泰元年（498），齐以豫州刺史裴叔业领兵5万夺涡阳，将魏兵尸体堆于涡阳城外。城中魏军粮尽，吃树皮树叶，相持两月。魏镇南将军王肃领兵10万来救援，终于击退裴叔业。又命王纬守涡阳，王肃在城外筑17垒防御。

南梁大通元年（527）十月，梁遣领军曹仲宗、东宫直阁陈庆之、浔阳太守韦放协同围攻涡阳。魏将王元昭率马步兵15万增援，前锋至涡阳城西40里的驼涧。陈庆之乘其远来疲惫，突率200骑兵袭其前锋，魏军惊乱。此后，双方僵持数月，相战百场，待破魏四垒后，城主王纬乞降，其余各垒不战而降。梁俘获魏兵3万余人，遂命北道都督萧渊藻守涡阳。

梁中大通三年（531），北魏南充州平民王乞德劫持州刺史降梁，梁镇北将军元树率部进驻谯城。梁中大通四年（532）七月，北魏行台樊子鹄率军攻谯，元树兵败被擒。

东魏武定五年（547），东魏司徒、南道行台侯景率其所辖黄河以南13州士兵10万人归降南梁，被封为河南王、大将军、大行台。东魏国相高澄遣东南道行台、大将军慕容绍宗追击。侯景退到涡阳，尚有兵数万、车万余辆、马数千匹。由于北方士卒不愿南渡，部将暴显等率部降魏，侯景失败，带800士兵逃往寿州。

隋大业十一年（615），朱粲在城父聚众起义，称"迦楼罗王"，众达20万人，后从安徽转战到湖北、四川、陕西等地。

唐玄宗天宝十四年（755）冬，胡人安禄山叛唐。当年占洛阳，次年唐玄宗仓皇逃往四川，叛军相继占领各地，真源令张巡在今义门与城父令姚音率兵抵抗安禄山。城陷，张巡与许远复死守睢阳，城破殉节。

唐咸通十年（869）七月，唐将康永训引步骑8万追击庞勋至亳州，恰逢朱邪赤心（李克用）率领的沙陀兵追到，纵兵卡杀庞军数万人，庞勋起义遂告失败。

唐乾符五年（878），黄巢起义军围攻亳州城，未克。

宋高宗绍兴十年（1140），金占亳州，宋将张俊军至城父与王德军会合，遂复亳州，王德再复宿州。同年，宋将刘锜指挥"八字军"在顺昌（今阜阳）大败金将兀术的精锐"常胜军"，受到民众热烈拥护。

宋宁宗嘉定十一年（1218）十一月，农民武装红袄军占宿州。十二月，红袄军夜袭蒙城。陈、亳、下城父（今涡阳县城）等地群众纷纷响应。

绍定五年（1232）五月，金将杨春占领亳州，改亳州为顺天府。绍定六年（1233），蒙古兵围金军于亳州，被金富察官努击败。

元顺帝至正九年（1349），义门起义民众杀城父县令达鲁花赤伯颜于义门之福宁镇（镇今无存）。

元顺帝至正十一年（1351），韩山童、刘福通率领黄河堤岸民工组成红巾军，起义抗元，迅速攻占颍州等地。至正十五年（1355），刘福通迎韩山童（时已死）之子韩林儿在亳州称帝，涡地皆归其政权辖区。是年十二月，元军围亳州城，城陷，刘福通保护韩林儿退走安丰。

明崇祯八年（1635），李自成率农民起义军攻下颍州、蒙城，占领亳州。人民箪食壶浆，欢迎义军。同年，农民起义军领导人袁老山在亳州连营15里，声势显赫。崇祯十五年（1642），攻蒙城，杀知州何燮。

清顺治十年（1653），山东胶州兵反清，很快攻占亳州以东地区。

雍正年间另一支农民起义军张鸿羽（外号小兰英，捻军领袖张宗禹之七世祖）占独山（今涡阳城东北）为王，不受清朝统治。

清嘉庆十一年（1806），宿、蒙一带农民起义，与清军大战公吉寺（今涡阳城西南），农民军败。

2 近代风云

清咸丰二年（1852），亳州一带农民起义。农民领袖张乐行、龚德树等人率众自张老家（涡阳县城西北）出发，围攻河南永城，救出张德才等18人。

捻军会盟起义图

清咸丰三年（1853）五月一日，太平军林凤翔、李开芳率军围亳州城，克之，杀清代理知州孙椿，五月六日离亳。

清咸丰三年农历七月，豫涡之间各县捻军首领冯金标、张凤山等十八铺，公推张乐行为盟主，在雉河集的山西会馆（今涡阳城西关）祭旗起义抗清。

清咸丰五年（1855）二月十一日，捻军进攻亳州涡北一带，斩清千总齐东兴，杀练丁百余人。八月，张乐行与张维翰在泥台店大败清军，斩清将达凌阿。九月，张乐行乘胜追至亳州城北。十月，张乐行围亳州，清军围剿雉河集，张乐行撤兵回救雉河集。

清咸丰六年（1856）一月，各路捻军再聚山西会馆，召开会议，决定成立大汉国，公推张乐行为大汉明命王，建国都尹沟（今涡阳城西10里），陪都雉河集（今涡阳县县城），并建五旗军制。这是一次重要的军事会议，它标志着捻军已从分散的、无组织的自发活动，转向有组织、有领导、有计划、有步骤的斗争。同治二年（1863）三月，张乐行率捻军20万人，与清军僧格林沁大战雉河集，捻军受挫被围，张乐行率20余人冲出重围，后被叛徒出卖遇害。咸丰六年（1856）四月八日，清军与捻军战于五马沟，四月十八日又战于小奈集，捻军转军围攻亳州城。清将袁甲三与总兵邱联恩会师，抵亳州城下。捻军腹背受敌，遂退军翟村寺，联合当地捻军固守。五月五日，捻军自翟村寺进军五马沟，清军朱连太部败退。五月六日，袁甲三率袁保恒、邱联恩、崇安等分路进攻翟村寺，经过激战，捻军失利。六月，河南巡抚英桂驻亳州，袁甲三由亳赴颍州。七月，捻军还雉河集，袁甲三、邱联恩率军转回亳州，格绷额带骑兵出击洮河口，袁保恒、邱联恩、朱连太率团练出击清水河，战斗甚为激烈。至赵王河，双方激战两日，互有伤亡，清军通判仓景涵毙于阵。八月五日，捻军由涡河北岸围攻崇安营，清军大败。袁甲三派团练出击涧清铺，捻军王贯三部退守雉河集。

清咸丰八年（1858）二月，清豫军朱连太等在亳州境镇压捻军，鹿邑捻军直领刘苟、尹韬等返回亳州，朱连太追至双沟集。四月二十六日，刘苟、陈万福率军袭击朱连太营，被击退；次日，复袭，又被击退。二十九日豫军苏克金率领步兵来亳，捻军退至十九里沟。六月一日，捻军朱廷彦进军亳东人家庄，与豫军朱连太、承恩多次大战，捻军首领宋成等被俘。二十五日，于丁固寺又战，捻军失利。十月，豫军道员赵书生自鹿邑来援。十二月五日，朱连太会同亳州团练，又与捻军激战于十九里沟，捻军失利。

咸丰九年（1859）三月，捻军由鹿邑返亳，高兆祥率团练截击于王桥。捻军转军进击双沟，又进击贾家集，打死练总李中辰等。十四日，进攻亳城，未克。六月，捻军在汤王墓沿涡河复攻亳城，朱连太败，捻军夺取了哨船。七月十一日，捻军夜袭亳州，伤亡甚重。次日与清军会战洪河口，战斗激烈，捻军失利，遂转赴阜阳。

捻军联合太平军，转战豫、皖、鲁、苏、陕、晋、鄂、直（今河北省）八省，屡次重创清军。起义延续18年之久，沉重打击了清朝统治者。

清同治元年（1862）二月，清廷令亲王僧格林沁督师抵亳北，驻商丘马牧集。闰八月，亳州捻军李廷彦部占据芦庙、邢大庄。二十五日，僧格林沁自夏邑移军黄冢集。二十六日，战于芦庙东北，捻军伤亡甚重。九月五日，僧格林沁攻芦庙，清将国瑞率舒通额攻邢大庄、邢小庄，捻军在木儿处设卡，均被攻破。六日，在邢大庄战斗中捻军首领张守玉阵亡。七日，国瑞攻邢大庄，诱杀捻军首领李廷彦，芦庙为翼全顺攻陷。八日，僧格林沁攻孙老庄，捻军首领孙彩兰殉难。孟楼、邢大庄两圩亦陷。

同治二年（1863），清河南团练毛昶熙遣将至亳镇压捻军，先后进攻芦庙、杨庙、沙土集、丁固寺等20余圩。三月，宿州知州英翰率兵于蒙城南炮击捻军。八月，英翰派其所部都司黄秉忠带兵300入城驻守。僧格林沁督队由亳州东行，十月，僧格林沁至亳镇压捻军。十一月，清副都统恒龄攻陷亳州、蒙城、颍州80多圩，葛小牛、邹焕、龚跃等捻军首领先后殉难，亳州捻军圩寨尽陷清军之手。

清同治四年（1865）七月，清淮军甘肃凉州镇总兵周盛波部抵雉河集，直隶提督刘铭传率"铭军"1500余人麋集涡河南北。捻军分道转入河南省。

咸丰三年（1853），太平天国天官副丞相林凤翔、地官正丞相李开芳率太平军北伐，四月三十日（公历6月6日）占领蒙城，杀知县宋维屏等官吏数十人。五月四日，向亳县推进。次年二月三日至十一日，太平军第十五军陈仕保、许宗扬所部7500人，为援助北伐军，自安庆来蒙，三次破城后去亳州。

四月十六日折回，破蒙后南撤。

咸丰七年（1857），凤台县北境苗家寨练总苗沛霖，趁捻军转战外地之机，勾结蒙城知县俞澍，在城南界沟、乐土、柳林、三义和城西宋庄等地立圩，杀戮捻军，次年被清廷封为道员。十月，以蒙城北关练总通捻为名，强据北关，进而收编城内团练，在城内设公馆，气死知县俞澍。咸丰十一年（1861）正月，知县苏履中毁苗公馆，囚其子苗天运。四月，苗练数万人于城东南冷涧桥（今庄周乡境内）筑营5座，七月投太平军，被洪秀全封为奏王，九月联捻攻城。

同治元年（1862）正月，清钦差大臣副都统胜保来淮北剿捻，苗沛霖第二次降清，五月诱执太平天国英王陈玉成。胜保死后，苗又举兵反清。同治二年（1863）正月，苗练自双涧以西沿涡河南岸扎营30余座，在城西王家窑沿河两岸扎营10余座。二月，清亲王僧格林沁诱杀苗沛霖未遂，令苗练解散归农。三月，僧格林沁调往山东。四月，苗练开始围城，七月达2000余人，八月自西北七里沟、宋家圩扎营直抵涡河岸，在城西扎营6座、小涧扎营10座，以炮船守河下，堵截清军粮道，绕城挖沟一周，炮船扎于浊沟口（今蒙城一中西南隅）。

形势紧迫之时，清军以游击李德盛统管全城，黄秉忠、施绍恒两部助守，县团练分4队把守城门，马队扎大街为游兵。九月，苗练昼夜攻城。城内粮绝，挖食死尸殆尽，百姓有的杀子而食。十月，清军提督傅振邦率部于城西北扎营，城东白圩、李圩团练合攻苗甬道，城内俘苗练10余人杀而食之。二十六日，僧格林沁督马步全军炮击苗练，三发皆中要害，又引烧药窖，苗练大乱，弃营出逃，北扑涡河，溺死甚多。夜，苗沛霖路过黄沟，为部下所杀。

清同治三年（1864），清建涡阳县，将蒙城县之雉河集、西阳集划入。次年四月，捻军黄边正黄旗旗主张宗禹部在山东曹州高楼寨杀死僧格林沁，并歼其军。捻军蓝旗旗主任柱军抵龙山、临涣。五月，太平军遵王赖文光攻义门。闰五月，张敏行部回师雉河集，蒙城捻军逐渐恢复活动。

清光绪二十四年（1898）十一月十八日，涡阳县（1864年建县）农民刘朝栋（外号刘疙瘩）、牛汝秀、魏德成三人，在曹市集东北庙树旗起义，半月之内，起义军扩至1万多人，连破十五集、七十一村堡。起义后被清军镇压。

清宣统元年（1909），淮北饥馑，涡阳帮会首领张学谦以行医为名，来蒙城、双涧等地，发展饥民李大治、许昆山、赵怀珍等人入会。宣统二年（1910）夏秋之交，水灾尤重。八月初二，李大治、张学谦等在双涧聚合会众起义，口号是"杀富济贫，替天行道"。义军约定，乘夜攻打县城，以城内帮会首领杨庚禄等点火为号做内应。当天大雨，东城墙倒塌30余丈。蒙城知县于硕派民工300余人连夜挑灯抢修城墙。义军行至全集，望见灯火齐明，疑城内已有防备，遂撤回双涧。义军筹集枪械、骡马，队伍发展到4万余人，向凤台、怀远、宿州、凤阳等地分头进发。安徽巡抚朱家宝急令北路巡防各营分头截击，并令寿州、省城巡防营和新军驰往增援，两江总督张大骏也令浦口和徐州防军分头驰往寿州、凤台和涡阳、蒙城会攻，并要长江水师提督速派师船驰赴淮河堵截。知县于硕率团练追至罗集、枣木桥。李大治等人被寿春镇马队截击，转至凤台苗家圩时被乡团打死，义军被捕500余人。义军一部约3000人转入豫东活动，不久也被镇压。

清宣统二年（1910），涡阳水灾极其严重，平地水深三四尺，秋作物颗粒未收，但政府却一如丰年，向农民催要漕粮，激起民愤。青町乡小魏庄农民魏邦俊在刘村集集合农民千余人，参加抗粮运动。当夜占辉山，次日，武若成率义军，由曹市渡涡水南进蒙城等地，不久失败。

清宣统三年九月十五日（1911年11月5日），同盟会和寿州农会光复寿州，建立淮上国民军。不久，定远炉桥人张家彬在怀远沙沟组建一支700余人的反清义军，也号称淮上军。十月六日，张家彬的参谋葛冠三来蒙联系反清独立，接收蒙城事宜。代理知县舒恭岐当面应允，但又暗派县议事会长过俊英等前往寿州淮上军总部探询。淮上军总司令王龙亭认为张家彬等是抢先接收，表示气愤。

十月十三日，沙沟淮上军分三路先后进抵县城。县团练练总李松岩等把其官佐和手枪班迎入县城簧宫内，把士兵安置于东关外宿营。次日晨宴间，李松岩以掷杯为号，将其官佐逮捕。又开东城门，突袭士兵，淮上军死伤近700人。当夜，将总司令张家彬等官佐杀害。

十月十五日（12月5日），寿州淮上军西路军兵临城下，孙多荫等40人入城交涉，令舒恭岐交出条记县印，后推举县商会总理母可登为县民政长，李松岩为团练总局局长，另发给条记民政县印，蒙城遂告光复。

清宣统三年（1911）十一月，响应辛亥革命的淮上军挥师进军亳州，驻亳州清军统领李辅勋派人和淮上军接洽，假称愿意投降。十一月三十日，淮上军行至亳州溜子集时，清军开炮猛击，淮上军程恩普等仓促应战，士兵虽英勇战斗，但众寡悬殊，受到很大损失，牺牲50多人，伤100多人，被迫撤回颍州。

1912年，永城县地方武装王金妮率部扰涡，历时30余日。

1913年，永城、涡阳、宿县农民，响应豫西白朗农民反袁（世凯）起义，以永城县刘桥（今濉溪县境内）人黄二诚为首，聚众起事。在蒙城县署卫队队长邵秉钧的策应下，9月25日凌晨，起义军300余人，从临涣赶到蒙城北3里集结。5时许，30人从西门攻入县城，收缴商务会快枪20余支，击毙县知事韩士英，又于北门搭浮桥接全部义军入城，展开巷战，击伤团防局长李松岩和督队队长黄冠甲，处决了冯景和等3名土豪劣绅。次日，义军撤出县城。

1913年8月，安徽讨袁军失败，袁世凯任命倪嗣冲任安徽都督，民众反袁情绪不息。当年皖北水灾严重，饥民生活无着落。1914年2月，三义集一带饥民，以乐土镇李家村孟家庄孟兆贵为首，在泥沟庙举旗起义，多次重创团防，打死乐土镇团防分局局长刘春芳，起义军驰骋蒙城、凤台、颍上、怀远等地，杀官吏，毁牢狱，开仓济民。3月，楚村乡团防分局总长王良权率队枪杀孟兆贵义子等4人，孟遂带义军杀了王的亲属，烧了王的房屋。5月，县知事汪篪先派县团防第六营侦探义军，又勾结驻蒙武卫右军在吕望西南杨庙袭击义军，孟兆贵等牺牲。

1925年12月初，孙殿英率土匪犯亳，马敬臣率乡团百余人阻击，因寡不敌众，一战即溃。马指望驻军安武军华毓庵部支援，不意华故意避往十河、双沟一带。城内驻军张拱臣部一个团，按兵不动。李绍魁（外号李大瞎）暗中送给孙殿英弹药一大箱。12月5日，陈益斋、白仿太、汤云龙又勾结匪徒100余人，伏在南门里，守卫南门的警卫团营长李传运佯作不知。8日夜，孙殿英在城外鸣枪，潜入的匪徒在东门里和曹巷口沿街放火，抢了几家大商号。孙匪进城，大抢小掠，然后到处抓人，严刑审问，鞭打、吊梁、香烧、铁烙各种酷刑无所不用。亳县警备团、商团和张拱臣的一个团，也在北关商业区趁火打劫。这次浩劫历时18个昼夜。

1927年春，奉系直鲁联军张宗昌部，为援助奉军反攻南京，去袭击合肥，南下过蒙，强占民房，抢掠财物，奸污妇女，人民恨之入骨。5月15日，直鲁联军在合肥被国民革命军第五独立师马祥斌部击溃北逃，一天竟有5个军过蒙。最后第七军卫队旅（旅长杨汉杰），经过大兴、吕望、辛集一带，军纪更坏，拉牲畜，践踏麦苗，越发激起群众愤怒。楚村乡七里店等村红枪会5000余人，在红枪会传道师童国瑞和施凤晋率领下，在城南各地截击直鲁军。解寨和张破楼红枪会在任长礼和刘自福率领下，于城西南截击。经过几昼夜厮杀，直鲁军大部缴械北窜。

1928年秋，河南省建国豫军（总司令樊仲秀），不服从蒋介石收编，进驻涡阳至蒙城沿涡一线。蒙城县城驻3000余人，向城内豪绅张云松等八大家要粮要款，吊打国民党县党部人员杨洪才（杨子仪）等。11月20日，蒋介石由蚌经蒙去阜阳视察，建国军仍拒绝收编。12月6日（农历十月二十五日），蒋介石令刘峙、顾祝同（第九军）、夏斗寅（新编第十军）、沈克等4个师包围建国军，激战一昼夜，毙伤俘建国军代军长王崇林等官兵2000余人，缴获大炮12门、机枪10挺、步枪700余支。其余守城建国军从西城门突围。8日，刘峙回徐州宣布大获全胜。

1928年8月，军阀胡景铨率部2000人由河南驻涡城，历时3个月，军粮、军饷均令地方供给，后被冯玉祥骑兵赶走。

1930年，直鲁军联合阎锡山、冯玉祥倒蒋，孙殿英被任命为讨逆军总司令，进驻亳城，以牵制蒋介石的上官云相大部兵力，于是亳县被蒋系军队团团围困。孙殿英自5月在城内困守，到7月中旬，冯玉祥派孙连仲率军来援，才突围北去。70多天的攻守战，城内粮食吃光，树木烧光，瓦砾成堆，死尸遍地。

1930年，蒋军第十四师杨胜治驻涡阳防守，有步兵四个团、炮兵一个营、机枪四个连。绕城四周构筑堡垒，挖掘壕沟，设置铁丝。其工事器材大部分向地方强征。10月，杨部始离涡去亳县。12月，股匪张克明（河南人）、张保国（涡阳人）联合匪众2000余人，由河南杞县进扰县内燕牌坊一带，国民党四十五师卫立煌部两个营，自亳县来涡镇压，两方相持,至次年1月,国民党第一师一个团配合骑兵一个连将该匪全歼。9月,伪暂编二十师部予举部霍国栋团1200人驻涡达一年之久。其间,该团曾在县城内老典当街发生内讧,激战两小时,双方均有伤亡。12月,该团又将涡阳自卫团缴械,团长刘轶千被俘。霍团在涡无恶不作,人民恨之入骨。全县民众准备包围县城,霍团闻讯于12月下旬夜渡涡河北逃。

1938年5月,刘汝明的六十八军向豫皖边境突围,5月24日进入亳县,接替汤恩伯部的防务。25日,军部驻扎城东于庄,并布置好作战部队。26日午后,日本侵略军汽车80辆、战车8辆向大寺集进犯,遭到六十八军七二零团阻击。是日夜,日军侵占大寺集。27日晨,日军炮击涡河南岸,增兵2000人,在炮火掩护下强渡涡河。28日,侵占丁庄、马寨等村庄,又增骑兵800余人、步兵1000余人、战车12辆、装甲车20辆、炮数门。一部向汪老家、李门楼一带猛攻,一部向县城发动进攻。城东日军3000余人,携炮数门,由张竹园、姜屯渡河。守军七一八团、八五三团与日军激战,损失甚重。日军至城郊与四二九旅发生激战,为阻挡日军进攻,城防部队烧毁涡河大桥。29日,一一九师一部和日军在于庄、十九里一带激战,阻止日军西进。四二九旅一个团保卫县城,其余部队在城郊以工事为防御,策应城里部队。当晚,日军约一个旅团由东南和北面两面夹击县城,双方相持于城下。第二日午后,日军又增炮火,守城八五八团与日军激战一昼夜,伤亡严重。5月30日夜,日军又从商丘调兵1000余人,至城北六里井与四二九旅发生激战。拂晓,日军集中火力攻城,城墙东南半壁为敌炮轰塌，防守官兵均壮烈牺牲。日军进攻县城的同时，一部向板桥口、槐庄、张庄、阎庄一带反扑，二十七旅阵地变为焦土，士兵伤亡惨重。日军冲破防线，将县城四面包围，并集中火力于东、南、西三门，用装甲车猛冲。步兵多次爬城，均被击退。日军又以重炮轰城，城厢烟雾遮天。日军战车自东门、西门攻入，守城部队两面受敌，居民将家具堆于巷口，阻塞日军通路。日军步兵攻入城后，双方展开激烈的巷战。是日夜，四二九旅向西南转移。5月31日，亳县沦陷。

1938年5月初，日本妄图在徐州围歼李宗仁指挥的60万国民党军队，以华东派遣军（司令官火田俊六大将）第九师团（师团长吉住良辅中将）和第十三师团（师团长荻洲立兵中将）从蚌埠沿北淝河、涡河西犯，企图经蒙城、永城迂回包围徐州。5月5日，日机轰炸县城四牌楼（安徽抗日人民自卫军第三大队驻地），县长葛昆山带第三大队官兵逃往高隍。5月6日，国民革命军四十八军一七三师为掩护徐州国民革命军转移，奉命入蒙阻击日军，副师长周元率一〇三三团2000多人，从淮南经楚村达县城，在李竹竿园、贾水园、万家猪行等处设防御敌。

5月7日（农历四月初八）上午，日机18架轮番轰炸中大街（一七三师指挥所驻地附近），烧毁房屋1400余间。中午，十三师团日军3000余人围攻县城。周元闻国民革命军一七六师一个团增援，在楚村受阻，遂率部杀出南门，重创日军。夜晚，城外守军全部撤入县城。5月8日，日军增援2000余人，利用升空气球指挥战斗，数十次冲锋，均被击退。9日上午，在飞机3架、大炮30门掩护下日军发起总攻，又多次被击退。后调装甲车、坦克30辆冲入城内。周元组织敢死队还击，展开激烈的巷战，毙伤日军1000多人，守军也伤亡过半。下午，周元集结300余人转战至水门街（今漆园街）北首，掩护凌云上团长等100余人突围。副师长周元与二营营长李国文、中校团副谢荣森继续率部拼杀，终因寡不敌众，为国捐躯。日军转向搜捕守城官兵及居民，将他们用铁丝穿手心押到文王庙前塘边，用机枪射死军民3000余人。

5月10日，第九师团犯抵板桥集。两师团会合后，除留一部分占据县城、双涧、小涧、板桥、坛城等地外，其余兵力向永城方向进犯（8月20日，留守日军全部撤出）。

1938年5月21日，日寇飞机轰炸涡阳城，三日不绝，95％以上的房屋被烧毁。23日上午，日寇300人入侵县城，肆意劫掠，至7月12日方退去。

1939年8月，日寇大田部队步兵200余人，骑兵30余人，坦克炮车6辆，配合军用卡车，由西阳集渡河，迂回城南20里王双庙转向县城进攻，驻防的国民党二十六师蔡洪港部一枪未发，向西南溃退，日寇占领县城两日后，退回宿县。

8月底，新四军游击支队7000余人从淮上回师涡北，至曹市集，召开支队党代会。9月6日司令部驻新兴集。

1938年9月，侵占亳县县城的日军撤往河南商丘，城里只有少数伪军。安徽抗日人民自卫军第五路总指挥余亚农，率三个大队，由太和县进驻亳南油河集，会同在亳驻防的第三支队，于9月8日一举收复了亳县县城，并缴获了一批军用物资。

1939年1月3日，新四军游击支队第二大队300多人，由大队长滕海青率领，自白马驿出发，第三日进抵鹿亳交界处苗楼一带。6日，商丘日伪军沿亳商公路南犯，先头部队500余人，驻亳北芦庙集，并修筑工事。当日晚，第二大队转移到亳县东北王牌坊，决定攻打芦庙集，并与亳特务大队、驻张集的五路军第二大队联系，争取他们配合行动。

8日夜11时，第二大队接近芦庙集，滕海青带尖兵班和四连、五连从北方，六连从东方两路攻进芦庙集内。敌人分散住在老百姓家，没有费多大力气就抓到一批俘虏。敌人被惊动了，全街枪声响起，各连分班分排，采用分割包围的战术将日军团团包围。经过3个多小时的激烈战斗，日伪军大部被歼，我军于拂晓前撤离。此次战斗共缴获日伪军轻机枪3挺、步枪200余支，毙敌100多人，俘虏100多人，还缴获日伪军进攻亳县的作战计划、命令、军旗等。

1939年4月25日，永城、夏邑的日军及伪军袁天柱部自宋集进犯张集，伪军侯本生部由坞墙进犯芦庙，城东日伪军1000余人、战车20辆向泥店、余集进犯。4月26日，保蟹第二旅九团一部在张集与日伪军对峙，一部在城东与日军激战。日军1000余人，坦克、装甲车10余辆，分别向姜桥及沿河以南地区进犯，在八门炮火掩护下逼近城郊，战斗甚为激烈。日军用重炮向县城射击，拥挤在南门外的民众死伤30多人，薛阁塔亦被击中。9时许，日军飞机3架助战，轰炸城墙，敌炮亦猛烈轰击城垣，城防司令部被炸毁，通讯断绝，但各部仍顽强抵抗。后日军从城东南缺口处冲入城内,守军与日军进行了激烈的巷战。至深夜,守军伤亡惨重,即令一部在城内作战,一部冲出西门。我军在城西南教场附近,准备收容士兵进行反击。日伪军1000余人、装甲车10余辆向收容地发动进攻,日军飞机又低空扫射,守军向城西南撤退,第二日晨6时撤至孙营,日骑兵及装甲车数辆又向孙营逼进,我守军向侯桥转移。亳县第二次沦陷。

1940年4月1日,日寇步骑兵1000余人,由砀山、永城、王白楼、黄口、张大屯四路向我军分进合击。游击队一总队、三总队、萧总队各一部与敌激战于永城县城东北山城集附近之磨山、喜绩山、陶山、李黑楼一带,战况激烈,先后毙敌300余人,下午5时许敌四路围攻,被我军全部击退。此役战火波及涡阳。

1940年6月1日,日军乘新四军六支队举行纪念"五州"大会之际,集中兵力七八千人,汽车20余辆,分数路从永城、宿县、亳县向新兴集大举进攻。上午8时,六支队与日军接火,激战于集南一线。在彭雪枫司令员的指挥下,机关、民众安全向西转移,敌军一度强占新兴集,烧毁支队精忠礼堂和民房997间,杀害民众20多人。我军黄昏分三路进攻追击,新兴集失而复得,敌向永城逃去。此役打死、打伤日寇及汪伪军200余人,击毁汽车8辆,缴获各种武器2200余件,各种弹药5600余发。

1940年6月29日,汪伪和平救国军张岚峰部第一师师长曹大中计划以做寿设宴为名,把日军宪兵队和警备队的头目逮捕起来，作为反正向国民政府的献礼。不料曹的副官向日军告密，日军遂电话通知所属各部，急行军赴亳县十河集中。此次曹大中等人反正拉回和平救国军 3 个师、1 个支队，计 17000 多人。

1940 年，八路军四纵队五旅进驻板桥后，板桥集成为中共豫皖苏边区党委（驻永城）通往中共淮上地委（驻怀远龙亢）的咽喉。11 月 17 日（农历十月十八日），驻宿县日军二十一师团 500 多人和南坪集汪伪和平救国军第十一路军十五师（师长窦光殿）1000 多人，从南坪进犯板桥，被五旅击退，日伪军伤亡 400 余人。下午，日伪军向西北迂回，企图切断五旅后路。五旅从集西抗日沟转移到西北高刘庄。当日晚，八路军四纵队特务团前来增援，配合五旅向日伪军发起强攻。次日凌晨，日伪军增兵 3000 余人，分东、西两路南犯。四纵队特务团向东转移，至石山子击落日机 1 架。后在王集与东路日伪军激战，击毁日军汽车和坦克 10 多辆，全团伤亡 80 多人。五旅转移至唐集南，与西路日伪军激战，击毁日军汽车 3 辆，五旅伤亡 30 多人。19 日，日伪军向宿县撤退。

1941 年初（农历除夕），日寇纠集 1000 余人，从亳县方向侵犯涡阳县城，国民党李仙洲部撤退，涡城沦陷。三日后，新四军第四师（皖南事变后，六支队改为新四军第四师）一部配合地方武装把日寇赶走。涡城建立民主政权。1941 年 3 月上旬，日寇 3000 人向涡阳城北 12 里皇姑店国民党驻军进攻，国民党军队南撤至高炉集，在涡河北岸布防。日寇骑兵 100 余人侵入郁庄，国民党守军全排阵亡。在杨大庄，李部与

彭雪枫与张震在板桥集战斗中
被我军击落的日军飞机残骸前合影

日寇激战两小时后溃退,日军占领高炉集,不久退回原防。此役日寇伤亡 100 余人。

1941 年春,日寇突然包围我党政机关所在地龙山。赵文甫同志率领县委机关党员干部和通讯班战士共 100 多人,冲出敌人包围,歼敌一个连。

5 月底新四军第四师各部撤离路西,进入苏北淮宝地区休整。

1939 年 9 月至 1941 年 5 月,新四军四师在涡北经历较大战役30余次，歼日伪军2000余人，缴获迫击炮16门、重机枪36挺、轻机枪120余挺、步枪10000余支，各种弹药30余万发，攻克日伪据点40余处，解放沦陷人民20余万。

此时期，涡北人民自卫武装配合我军参战30余次，攻破据点十余处，毙、伤日、伪军860余人，俘虏1200余人，缴获轻重机枪11挺、长短枪2000余支。

1941年1月，国民党第一战区第二十支队马允修部，配合汤恩伯骑兵第三师向中共涡亳边区根据地蚕食，十八团和亳县独立大队予以自卫反击。8时，一营从书案店出发，夜10时至大吕庄马部驻地附近隐蔽。深夜，一连集中火力冲进庄子，切断敌人东西之间的联系；二连从庄西头发动进攻，马部大乱。经过3个多小时的战斗，除马允修带10多人潜逃外，毙敌数十人，打伤30多人，俘虏300多人；缴获步枪300多支、轻机枪2挺、手枪10多支、子弹7000余发、手榴弹100多颗。

1941年10月，日军广川部1000余人、骑兵80余人，由宿县进至涡阳县城北三里的枸杞园、刘楼一带，企图渡涡河。当时涡城驻军为江苏省保安旅周部2500人，驻军凭河沟筑工事，守城阻击。双方激战两昼夜，日军终未能渡河，复退宿县。

1942年1月，日军1个大队500余人由凤台北犯，火烧蒙城中学和省立临时小学（校址三义），19日傍晚侵占辛集。次日（农历腊月二十三）晨，国民党九十二军二十一师六十三团和一四二师一个团，分别从辛集西北和东南包围日军，激战一昼夜，牺牲900余人，击毙日军300多人。21日晨，宿县日军来援，九十二军被迫撤退。日军火烧辛集、东场、南园、赫庄民房587间，杀害村民26人，将辛集村民孙万三、李西宜绑在树上砍掉脑袋，又将东场村村民8人推进红芋窖内活活烧死。

1942年5月1日，高炉、顺河、曹市、殷庙、青町、龙山、石弓等地民众不堪国民党顽军单桂山部的骚扰、掠杀，趁单去县城开会之机，突然包围单部驻地前、后牛庄，活捉了大部匪徒。

1943年3月，龙山部队夜袭驻扎在义门修楼、刘楼的伪军一个营，击毙伪军230人，伤者甚众。

1944年8月15日，新四军四师奉命收复津浦路西豫皖苏根据地，连战告捷，先后解放路西八县，俘获敌伪官兵7752人，缴获高射机枪1挺，迫击炮6门，轻重机枪160挺，步、马、短枪7600余支。9月间，涡北收复。

1944年12月下旬，新四军四师十一旅三十一团、三十二团，在雪商亳县县总队配合下，对汪伪第四方面军张岚峰部在张集、董楼、三里湾据点的一个师发动进攻。在战斗中采用"围三打一"的战术，集中火力强攻董楼，对张集、三里湾则围而不打。经过一夜激战，攻克董楼，全歼伪军一个营，毙伤敌军百余人，俘虏敌人200余人，张集、三里湾之敌狼狈逃窜。张集、董楼、三里湾一带遂解放。

1945年初（农历十二月二十九日），我军攻破曹圩子敌据点，歼敌300余名，俘伪特务团团长及五十九团副团长以下

500余人，缴获曲射炮1门、轻重机枪15挺、步枪400余支、电台1部。接着，我军又在曹市集北张大庄与日军进行激烈战斗，歼敌甚多。

　　1945年2月1日夜，刘（伯承）邓（小平）大军第六纵队，在豫苏军区配合下，对亳县国民党驻军发动了进攻。当时亳县县城驻有五十八师新十旅二十团残部和县警保大队，计2000余人。我军对涡河北岸和北关同时发动进攻。我主攻部队在炮火掩护下，迅速渡过涡河，消灭了北关守军，直捣北门。此时北门城防工事已被炮火摧毁，但敌军仍紧闭城门，固守待援。攻城部队在炮火掩护下，冒着枪林弹雨，搭成人梯，爬上城墙，从北门口东侧150米处打开突破口。北门守军见势后退，主攻部队迅速从北门入城，与敌军展开巷战和肉搏战。这时，分区部队也分别从东、西、南门攻入城内。敌军纷纷溃退，除一部分突围逃跑外，其余大部分被歼。战斗结束后，共俘虏500余人，缴获轻重机枪10余挺、六〇炮2门、各种步枪900余支。当攻城战斗打响后，国民党徐州"剿总"急令其驻商丘的七十五师十六旅前往增援，于2月2日夜赶到距亳10余里的燕庄、丁大庄、张庄一带。当他们进入伏击圈后，解放军设伏的两个旅，突然切断敌人的退路，并发起猛烈进攻，敌军顷刻大乱，纷纷逃入张庄、丁大庄、齐家寺等村，企图组织突围。这时攻城战斗已经结束，攻城的部队除留军区特务团和三十六团护守外，其余部队立刻投入战斗。十六旅为了摆脱被歼灭的命运，在飞机和坦克的掩护下，向解放军阵地发动了数次进攻，企图突围，但均未得逞。接着解放军紧缩包围圈，与敌军展开了逐村、逐巷的争夺战。结果十六旅大部被歼，余下的最后被压到张庄、丁庄，又经过一天一夜的激战，除十六旅旅长在飞机的掩护下逃走外，其余全部被歼灭。此役计俘虏、击伤国民党军1000余人，缴获汽车30余辆，打毁坦克两辆，缴获大批弹药和枪支，取得了攻城、打援双胜利。

1945年8月，侵华日军全部投降。涡阳国民党县长邵雨桥派刘建元、葛光林县队300多人，向高炉集解放区进攻。我雪涡县县长李晨在涡北率部反击，激战两小时。

1945年9月21日，解放军魏凤楼部1500余人向白马驿出发，夜11时抵涡阳城近郊，次日2时攻城，国民党县长丁相灵率自卫队400人，抵抗四小时后溃逃蒙城。解放军缴获子弹5万发、枪70余支，敌军伤亡30余人。解放军驻城六天。

1946年1月7日，国民党顽军向涡北根据地侵犯。在国民党县大队四中队地方土匪头子侯老四的带领下，骚扰龙山一带。后解放军三十五团配合区队分两路发起进攻，在赵庄歼敌一个中队，活捉侯老四等90余人，缴获机枪4挺、步枪60余支。侯老四后被处决。

7月，国民党以十个师的兵力配合土顽（地方反动势力），向涡北根据地大举侵犯。涡阳县城由原国民党新五军换防为五十八军。

1946年6月，国民党军蒙城县第二自卫大队300多人进驻板桥集。8月15日夜，解放军华中八分区独立一团（团长李丙书），包围板桥集，攻占街头。自卫大队队长邹汉三带部分士兵趁雨逃窜。次日凌晨，独一团冲进集内，毙敌中队长娄殿华、李凌霄等官兵20多人，俘敌近百人，缴获各种枪支40多支。

1946年7月6日下午，解放军2000人围攻土顽魏德熙、葛光林两部于龙山，毙葛光林匪众80余人，俘虏70余人，缴获枪支90余支。后魏德熙被活捉处决。

1946年8月26日，解放军魏凤楼部1500人自白马驿出发，奔袭涡阳，在县南八里桥与反动自卫团队遭遇，县长林二肯闻讯逃走，解放军收复县城，驻十余日。国民党军一个团自宿县增援反扑，激战两日，解放军退出县城，此次战斗国民党军伤亡40余人。

1947年1月6日，豫皖苏军区独立旅和军区特务团及三分区武装，经过三日远道奔袭，进至涡阳县城附近，下午攻占德寺、古城、花沟等国民党乡公所，歼敌60余人，当夜攻城。次日，解放军三六〇团、三十四团分别由城东西关突入，敌溃，解放军一举攻克涡阳城。此役歼敌200余人，缴获轻重机枪7挺、步枪286支、子弹4万余发、电台1部。

1947年4月，国民党蒙城县保警大队、团管区一个连及安徽省保安团一个连计1000余人驻守县城。5月1日，解放军豫皖苏军区独立旅（旅长金绍山）从萧县南下，急行军200余里，4日晚进抵蒙城城郊，旅指挥所和警卫营设城南3里张庄。23时围城，三十团负责东南两面主攻，三十五团在北关阻援和防敌北窜，三分区二支队在城西10里堡对涡阳警戒。次日凌晨2时，三十团一举攻占东关、南关，11时攻占县府，击毙省保安团一总队三大队大队长刘靖西等官兵30人，打伤

54人，俘虏县长李效惠及其以下官兵计700余人，缴获迫击炮、六〇炮各1门，重机枪3挺、轻机枪15挺、步枪501支。中午，国民党新五军五十八师十一旅三十团（"隆风部队"）增援，独立旅转移。

1947年8月上旬，刘邓大军顺利通过亳县向大别山推进，国民党王敬久兵团于8月中旬追至亳县。因南有涡河、沙河阻拦，不利于大兵团机械化行动，王敬久一面令其所辖5个军继续向南追击，一面电告蒋介石，改变兵团行动路线退往商丘，由平汉路乘火车南下。豫皖苏军区即令三分区三十六团1个营和4个支队，以及骑兵队和雪商亳县大队一部，连夜赶至张集和宋集之间，于商亳公路设伏。13日上午11时，王敬久部进入伏击圈。解放军突然从公路两侧发起猛烈攻击，王敬久部措手不及，纷纷跳下汽车，仓促抵抗。经过40多分钟的战斗，解放军歼灭王部100余人，打毁汽车5辆，缴获电台1部、电话密码1本和一些枪支弹药。

1947年9月28日，华东野战军为策应刘邓大军南下，六纵十六师的四十七、四十八团先头部队，化装成国民党军队智取北门，进入城里。当守城地方武装发现进城的是解放军侦察队时，他们已来不及抵抗。经过一阵激战，解放军俘虏国民党守军1000余人。

1947年9月，国民党蒙城县保警大队4个中队配合民众自卫队400余人驻守县城。9月29日（农历八月十五）华东野战军四纵（司令员陶勇）十一师（师长谭知耕）挺进宿蒙县境，在板桥集击溃县保警大队两个中队，次日夜包围县城，从西北角攻入城内展开巷战,歼灭一个保警中队。10月1日晨,攻克县城,当日转移。

1947年12月,华东野战军六纵队过境,经义门俘敌80余人,随即交义门区队。国民党涡阳县县长率县队袭击,在义门牛窑激战。我县队两个大队支援,敌方退回县城。此役敌伤亡80多人。

是年冬,涡南大部解放。10~12月,县区武装发展迅速,有近2000人。在涡南丰集、楚店一带连续打了几个胜仗,共计歼灭国民党县大队两个连的兵力和两个乡队,并袭歼地方武装老牛会六七百人。

1948年1月,解放军十一旅二支队,从河南太康打来,一举歼灭国民党一个营,拔掉敌十余个据点。

1948年2月,豫皖苏军区独立旅和边县地方武装,为掩护中国人民解放军晋冀鲁豫野战军第十五纵队安全通过亳县,决定先攻亳城,消灭守城的军队。2月21日凌晨,从城北发起攻击,迅速冲进北门,沿街袭击守军。国民党亳县县长姚笃民和自卫队总队副总队长马允修闻知北门失守,惊恐万状,连忙向城外逃去。这次战斗击毙了亳县警保大队队长唐兆祥和五区联防主任蒋聚五(外号蒋六秃子),击伤了二区联防主任钟心晓和县长姚笃民,自卫总队副总队长马允修被俘。共歼敌400余人,缴获各种枪支200余支。

1948年2月,国民党四区、五区联防队700余人,驻在亳县十九里一带。他们得知县城已解放,遂率队向东南方向逃去,到城父南傅桥时,与从亳县逃出的二区、三区联防队300

多人相遇。他们自恃人多装备齐全，一面掩护二区、三区联防队向涡阳方向逃跑，一面把自己的部队撤到城父西南的佛君庙，利用土圩作掩护，准备与涡亳县大队决战。2月23日，豫皖苏三分区十二团在涡亳县县大队配合下，将亳四区、五区联防队包围。经过一夜激战，共歼敌770多人，缴获重机枪2挺、小炮2门、步枪500多支、战马50多匹。经过此次战斗，亳县联防队基本上被歼灭。

1948年2月22日晚，国民党县保警大队伙同还乡团五六百人，袭击宿蒙县坛城区乡政府，抢掠财物。次日拂晓，解放军豫皖苏三分区三十六团和宿蒙县大队从东北方向截击。保警大队回头南窜，退至小刘庄，得到国民党整编七十四师部分兵力接应。七十四师向宿蒙县大队左翼侧后迂回，占据骑路邓，与解放军对抗。战至黄昏，双方伤亡均较大，三十六团团长柯玉强英勇牺牲，遂各自撤出战斗。

1948年3月1日（农历正月二十一日）晚，蒙城县民主政府县大队两个连宿营于大兴集东北张油坊。翌日晨，被国民党整编七十四师一个营和县保警大队两个中队包围。激战两小时，县大队二连党支部书记李文学等20余人壮烈牺牲，80余人被俘，其余主力突围。

1948年4月，国民党县还乡团副团长兼保安大队队长于子正，纠集会道门二三百人夜袭中共小涧区委会，杀害区委书记赵月同等10余人。次日，纠集五六百人，抢劫郭店乡谢楼、蔡圩子。宿蒙县大队在邓蔡家设伏，打死、打伤会道徒20余人，活捉数十人，余众溃散。隔了一日，涡阳县清剿队又策动小涧会道门五六百人，突袭宿蒙县曹市区区队。宿蒙县大队闻讯，从曹市东向南渡过涡河，先将涡阳县清剿队击退，又在青沟围歼会道门，打死、打伤100余人，俘数十人，缴获步枪、长矛100余支。

1948年4月18日，解放军三分区主力配合兄弟兵团，进袭驻涡守敌。国民党县队与解放军稍有接触即溃败东逃。解放军分头追击，将该敌全歼于高炉集以北地带。击毙国民党县大队队长魏良弼以下40余人、伤敌50余人、俘敌500人，解放壮丁70人，缴获机枪12挺、步枪400余支、战马54匹、电台1部。

1948年4月19日，六分区配合解放军地方武装，在西阳集阻击自蒙城来援涡的国民党七十四师一百五十三团，将敌全部击溃，毙、伤80余人，俘虏60人，缴获轻重机枪8挺、炮1门、步枪90余支。20日，又在城西歼敌一部，缴枪34支。

1948年4月20日，在城东蔡沟咀一带歼灭土顽3000余人，国民党县队参谋长王省三、新闻室主任魏余三等被当场击毙。至此，涡阳县境内国民党政权被全部摧垮，全县宣告解放。

1948年5月，解放军豫皖苏六分区十二团（团长蒋汉卿、政委霍大儒），获悉蚌埠国民党军将向阜阳运送弹药，遂在双涧曹店以东、蚌阜公路北侧设伏，令蒙城县民主政府县大队在曹店及其西南曹刘庄中间沟设伏。驻双涧集的国民党整编七十四师一个连闻讯东犯，接近曹刘庄时，县大队对其猛烈射击，一连连长胡永增（河南省夏邑县胡集人）勇敢冲锋，连夺敌人两挺机枪,后壮烈牺牲。经过 20 分钟激战,打死七十四师 30 多人、俘虏 40 人,缴获六〇炮 2 门、轻机枪 3 挺、长短枪近 100 支。

1948 年 6 月,国民党县保警大队、省党部特种工作团第三分团、各乡镇武装计 1000 多人龟缩于县城。6 月 27 日,解放军豫皖苏第六军分区 3 个团和 3 个县大队约 2000 人,在军分区副司令员夏云飞和参谋长王枫的统一指挥下,夜晚开始围城。指挥所设在城南三里张庄,十一团(团长郝洪吉、政委刘洪阳)主攻西门、南门,十二团(团长蒋汉卿、政委霍大儒)攻东门。涡阳支队(支队长冯涛)在北门打援。蒙城、怀远、亳县三个县大队配合。当夜十一团从西门攻城未克。次日(农历五月二十二日)夜 11 时,发起总攻。十一团首先从西城墙攻入,十二团从东城墙攻入。国民党县保警大队队长丁在贵乘隙逃窜。经过 40 分钟激战,打死国民党官兵 100 余人、俘 400 余人,缴获轻机枪 15 挺、步枪 500 余支、小炮 1 门。至此,本县全境解放。

1948 年 11 月,淮海战役后期,为增援徐州,国民党第十二兵团(司令黄维)从河南驻马店地区向东急进。11 月 16 日,解放军中原野战军第一纵队(司令员杨得志),为阻止该兵团北援,掩护主力在浍、涣之间集结和展开,由宿县南下,纵队指挥所设唐集,二旅在涡河北岸组织第一线防御,一旅在浍河沿岸组织第二线防御,二十旅作预备队驻板桥陈大庄。

11 月 18 日,十二兵团先头部队进入本县西境。黄昏时,该兵团第十八军一部涉渡涡河,4 次猛攻侯家庄,均被二旅八团击退。同时，十二兵团一一八师3个营，凭借涡河南岸芦苇掩护涉渡涡河，占领黄家庄（今涡北区太山乡境内）。中原野战军一纵二旅八团六连立即反击，夺回两栋房子。由于通讯员误报已全部夺回黄家庄，增援暂停。六连伤亡较大，撤出黄家庄。19日2时，二旅四团又向黄家庄反击。因摸错方向，过早开炮，伤亡较大，团长晋士林牺牲。由于指挥员伤亡过多，在紧急时卫生员郭敏挺身而出指挥战斗，攻占村北部，俘敌400余人。拂晓后，二旅八团政委郑鲁率援军攻入村内，下午3时撤出战斗，郑鲁在途中中冷枪牺牲。

11月20日，十二兵团第十四军搜索营进抵板桥南侧，受到中原野战军一纵一旅警卫分队阻击。21日，十二兵团八十五军向一旅七团阵地猛攻，八十五军死伤700余人。七团集中火力向八十五军右翼出击，使其弃尸百具而逃。此战，第一纵队计歼敌2000余人，胜利完成阻敌三天的任务。

1948年12月6日夜，国民党孙元良兵团部分溃军从淮海战场乘夜逃窜至亳县刘集、殷楼附近。11时，三分区供给处200余人和骑兵警卫营一个连从东北面展开攻击，华东野战军骑兵团一大队也从西南方向堵住逃军的退路。经过激战，将一部逃军压缩在殷楼村。逃军构筑工事，准备应战。不多时，华野骑兵团后续部队和地方民兵赶到，把逃军围得水泄不通。逃军四十一军一百二十四师师长严羽从围墙内观察地形时，被一枪击倒。逃军失去指挥，在解放军、民兵的包围下，不得不竖起白旗投降。这次围歼战不到一天的时间，共击毙逃军3人，打伤20多人，俘虏逃军师长严羽、副参谋长陈玺畴、政工主任吴焕之等1300多人，缴获电台1部、骡马30匹、银元5箱、各种炮弹4太平车。

1948年12月9日，从永城溃退的孙元良兵团参谋部300多人逃至芦庙集一带，商亳鹿柘县大队一连从西南、东北包抄，二连从街里向西进击。在强大的攻势压力下，逃军放下武器投降。这次战斗，俘敌300多人，其中有四十七军少将副军长李嘉英以下军官20余人，并缴获电台1部、电话机2部、八二炮4门、重机枪4挺、轻机枪10余挺、长短枪400多支、战马1匹。

1949年1月，涡阳县掀起参军热潮。国民党一个团长率230多人向南逃窜，被民兵迎击，俘敌140人，缴枪160余支，其中轻重机枪8挺。

1949年3月，涡北会道门准备暴动，道首赵化仁被县公安局逮捕入狱。4月26日，涡阳县武装部队配合公安机关在曹市集桥头李庄镇压以冯效思为首的300余匪众发起的暴乱。5月4日夜，涡北会道门杀害中共板桥区委组织部部长范俊成、白园乡乡长王海明等人。涡南会道门在魏海子，杀害望疃区农会主任刘宗寅等反霸工作队8人，袭击区委会，杀害中共望疃区委副书记杨玉林和区长石宗礼等。5日（农历四月初八）凌晨，涡北会道门副总司令于敬祖率涡北道徒1000余人偷袭县城，攻进县政府、公安局和监狱。县委书记兼县大队政委邵光、副大队长贾德才分别带队迎击，击毙于敬祖。部分道徒躲入乐天浴池，被县大队参谋李幼臣击毙30多人。经过1小时激战，计击毙40多人，俘1000多人，其余道徒溃散。

1949年春季，我公安机关在涡阳石弓捕获以荆献为首的匪徒70余名。石弓反动会道门——天门道头子冯傅经网罗2000余道徒，密谋于二月二日暴动，被我公安机关及时侦破，匪众全部被俘获。

西阳集以吴克其为首的反动天门道组织400余人，密谋破坏我粮库和企业部门，但尚未发起即被我公安机关破获。

渡江战役发起，全县组织担架团，有担架1000余副。

1949年下半年，全县开展剿匪反霸斗争。

1949年10月1日，涡阳县委、县政府在涡阳城召开2万人参加的庆祝大会，热烈庆祝中华人民共和国诞生。

三 文化特色

1 民间艺术

泥塑

泥塑是亳州一种古老常见的民间艺术，早在清初就久负盛名，作品多以神像、动物为主。亳州一些庙宇中雕塑的神像以及"大班会"鬼脸谱，是最具代表性的泥塑作品。

亳州泥塑以泥土为主要原料，加入绢布、棉絮、稻草等，以手工捏制成形，多以人物为主。注重人物着装、色彩的对比，通常鲜艳明丽，人物形象栩栩如生、惟妙惟肖。亳州泥塑制作一般分为采泥、和泥、脱胎、阴干和着色五个步骤。

亳州泥塑因谯城区观堂镇泥塑的影响较大，习惯称为"观堂泥塑"。在亳州，与观堂泥塑南北呼应的是"涡阳泥塑"。涡阳泥塑则蕴含了更多现代的意味，以现代手法表现民间艺术，风格多样，为亳州泥塑赋予了更丰富、更新的内涵。

三 文化特色

龙灯

旧时,亳州过元宵节,从正月初十到正月十五的这几天晚上,农村一般都有灯火聚会,如打灯笼、撂火把、放龙灯等。这里所说的放龙灯,是一种可以飞到天上去的龙灯。它的制作并不复杂,那时农村都有石磙,把石磙立起来,大头朝上,用特别轻巧的细竹篾,套着石磙编一个大灯笼。编好后从石磙上取下来,用细铁丝十字攀花勒住底口。细铁丝就在底部形成一个"米"字形图案。这时用薄红纸把灯笼糊起来,但底部不糊。再用铁丝把五六支小灯笼蜡捆起来,并捆在底部"米"字形图案中。然后在龙灯底部一侧系一幅长条红纸当做龙尾,上写"一见大吉"或"腾龙飞凤"或"年年高升"等吉祥语。这样,龙灯就算制成了。

到了晚上,将龙灯拿到村外空地上,将蜡捻一一点着,霎时灯火辉煌,不一会儿,龙灯内热气烘烘,撒开手,龙灯就飞腾于夜空之中,高度可达 200 米。因为龙灯比石磙还大,所以四里八乡都能看到。龙灯升高以后,它就随风飘移,一般都可飞到数十里之外,直到蜡尽灯灭,自动落下。

大班会

大班会也叫鬼会,又称"拉秦桧"。后因忌讳"鬼"字,又因是由班房传出的,且有众多演员表演,便易名为"大班会"。大班会融舞蹈、武术和戏曲等艺术形式为一体,极富亳州地域特色和民间传统风情。

相传清乾隆年间,亳州有位知州,名叫余汉,他善恶分明,疾恶如仇,特别爱读《岳飞传》。每当读到秦桧谋害岳飞时便怒发冲冠，令衙役捉拿秦桧，这可把班房里的班头难坏了。有个老班头想出一计，叫众衙役立即扮成判官、牛头、马面、黑白无常等小鬼和秦桧，并让小鬼用链子锁住"秦桧"，边跳边舞，自此传入民间后发展、延续至今。大班会共五场，分为大蹬殿、地保传兵、醉鬼大闹酒店、捉拿秦桧、过奈何桥等十场戏。大班会是通过主要人物典型的、性格化的舞蹈动作来刻画鲜明的人物形象。大班会还化戏剧妆，伴奏乐器有二胡、笛子、大锣、战鼓、大堂锣、脆锣等，曲牌有《快慢八板》《小花园》《五子开门》《下盘棋》《小游场》等，锣鼓经有《一窝蜂》《撞八》《紧三闪》《阴锣》等，还吸收了戏剧锣鼓的《四末头》《急急风》等。大班会虽然内容上具有较浓厚的因果报应、封建迷信色彩，但集中地表达了人们惩恶扬善的心愿。

2008年，大班会被列入安徽省非物质文化遗产代表作名录，现在亳州十九里镇、双沟镇等地时有演出。

大班会

亳州剪纸

亳州剪纸历史悠久，它融合了我国北方剪纸的粗犷浑厚和南方剪纸的纤巧秀丽，独树一帜，风格纯朴明朗，工巧纤细，优美多变，刚柔相济，装饰性强，富有浓厚的乡土气息和鲜明的地方特色，深受当地人民群众喜爱。亳州剪纸内容丰富多彩，既有花鸟虫鱼、神话传说、吉祥喜庆等民间题材的内容，又有歌颂祖国和家乡、反映群众现实生活和生产建设等方面的作品。剪纸的技法有"剪"与"刻"两种，生动活泼又富有个性的人物形象及精湛多变的技法更增添了亳州剪纸的艺术情趣。

猫趣图（亳州剪纸）

新中国成立后，亳州剪纸作为民间艺术受到当地政府的重视，一大批剪纸艺术新秀崭露头角，剪纸艺术迅速发展，形成了一个创作高潮，一大批剪纸作品在全国大赛中获奖，《中国文化报》《解放军报》《安徽日报》和中央新闻纪录电影制片厂、中央电视台等媒体都进行了宣传报道。

亳州剪纸还作为礼品赠送给外国友人。20世纪80年代，亳州剪纸走出国门，三次到日本进行展出，并出口到日本、美国、德国、澳大利亚、法国、英国、丹麦等20多个国家和地区，深受青睐和赞赏，促进了国际文化的交流，并加深了中外友谊。

2008年，亳州剪纸入选安徽省非物质文化遗产代表作名录，王炳华被安徽省文化厅评为"安徽省非物质文化遗产（剪纸）代表性传承人"，被安徽省民间文艺家协会评为"安徽省工艺美术传承人"。

利辛猴戏

利辛猴戏始于清光绪初年。20世纪90年代初，利辛猴戏发展达到顶峰，耍猴艺人超过3000人，有艺猴近2000只，分布在阚疃、胡集、展沟等乡镇，踪迹遍及大江南北，深受群众喜爱，2008年被列入安徽省非物质文化遗产代表作名录。

利辛猴戏具有较高的艺术价值和文化价值，表演的传统节目有扮演古代名人、翻跟头、推小车、走钢丝、坐旱船等，新培训的节目有跳舞、识字、数字运算等。在表演过程中，艺人边敲锣边唱猴戏歌，唱词具有丰富的地方特色和民间风情，如："锣鼓一打圆周周，哪方收粮往哪悠。南乡收了吃大米，北乡收了喝糊粥。南乡北乡都不收，沙河两岸度春秋。"此外，服饰、脸谱、驯猴技艺等也都具有深厚的文化内涵。郑永河应河南电影制片厂之邀，作为艺术指导参与了《玩猴人》

的拍摄，后又应山东铁路俱乐部和西安电影制片厂、上海电影制片厂的邀请拍摄了《越轨者》《步入密林》《金猴献瑞的2004年》。中央电视台等多家媒体也多次对利辛猴戏进行过采访报道。

华佗五禽戏

华佗五禽戏是由东汉末年著名的医学家华佗（今安徽亳州人）研究、编创的一套导引术，距今已有1800多年的历史，是我国最早的、具有完整套路的导引术，开创了我国医疗运动的先河，是中华医疗和预防保健事业发展的里程碑，为人类的繁衍昌盛做出了突出贡献，在我国乃至世界医疗、健身养生史上都具有重要的意义，因而被载入史册，流芳千秋。

华佗五禽戏分为模仿虎、鹿、猿、熊、鸟五种动物的动作和神态，来调理人体气息、通畅经脉、舒展筋骨，从而达到扶正祛邪、健身强体、防病治病、延年益寿的目的。华佗五禽戏广为流传，被视为延年益寿的最佳养生运动。1982年6月28日，中国卫生部、教育部和当时的国家体委发出通知，把华佗五禽戏等中国传统健身法作为在医学类大学中推广的"保健体育课"的内容之一。2003年中国国家体育总局参考各流派的五禽戏，重新编排了一套"健身气功·五禽戏"向全国推广。2011年，华佗五禽戏入选第三批国家级非物质文化遗产代表作名录。华佗五禽戏早在隋唐时代就走出国门，流传到朝鲜、日本、印度以及南洋和欧洲各地。如今，五禽戏又在德国、瑞典、毛里求斯等国家风靡一时，成为流传范围最广、流传时间最长的养生运动。

晰扬掌

亳州民间自古有尚武之风，因此流传着多种拳术，成为丰富的民间文化的重要组成部分。久负盛名的古兰健身术——晰扬掌就是其中之一。晰扬掌是由亳州城里清真寺以玛目沙阿訇于延祐四年（1317）为了宣传伊斯兰教门创编的"清真古兰健身术"发展而来的。"晰"为"晰诸教异同之理，阐幽明生死之说，上穷造化，中尽修身，末言后世"（《宗教大辞典·清真指南》）；"扬"则为发扬光大之意。

据晰扬掌传世秘谱记载，晰扬掌共有 365 个动作，强调柔、烈、凶、猛、威。步法有随、快、退、碾，"步走三角梅花式，恰似古兰经文图"。晰扬掌能强身健体、陶冶性情，老幼均可练习。2008 年晰扬掌被列入安徽省第二批省级非物质文化遗产代表作名录。

棒鼓舞

棒鼓舞流传在涡阳县义门一带，以刘郢为中心，沿涡河两岸向东、西发展，是一种历史悠久的民间舞蹈。在刘郢，老艺人还称它为"太平鼓"，向东则被称为"花棒鼓"或"花鼓灯"，向西又被称为"子弟灯"。2008 年棒鼓舞被列入安徽省第二批省级非物质文化遗产代表作名录。

棒鼓舞具有鲜明的地方特色，"大场子"在形式上（包括舞蹈的画面）虽然和凤台、怀远一带花鼓灯的"大花场"及阜阳、颍上的"红灯舞"近似，但并不雷同。如演员用的五花棒、平鼓、小锣以及排势，显然与其他舞蹈不同。演出时乐队在一旁伴奏烘托，棒、鼓、锣节奏强烈、气势雄壮、粗犷奔放,体现出劳动人民勤奋、勇武、刚毅、向上的气质,令人精神振奋,深受当地人民喜爱。

1958年底,中央舞蹈协会主席吴晓邦等赴义门考察棒鼓舞。据他说,这种舞蹈除涡阳外,还见于山东曹州,全国仅此两处,但山东的表演形式只是男舞女唱,和涡阳县的不尽相同。

清音

清音,又名八角鼓,原是宫中的一种高雅"清赏曲子",故谓之清音。亳州清音最早产生于清光绪年间,由经常来往于北京的亳州籍达官贵人带回家乡。清音刚一出现,就受到亳州百姓的热烈欢迎。亳州艺人结合当地的地域风俗、特色语言,使清音逐渐形成独特的艺术风格。亳州清音的唱腔特点是:音多字少,属联曲体,由引子、曲牌和鼓尾三部分组成,曲调悦耳高雅,并且演唱时特别讲究仪表和台面。演奏形式上灵活多样,伴奏乐器以八角鼓和古筝尤具特色,其他有三弦、坠胡、二胡、扬琴、挎板等。

亳州清音在清末、民国时期为发展高峰,出现了"延寿社""新民社""乐义社"三个专门演唱清音的戏班,有耿止斋、孙仿山、李义亭等著名的演唱艺人,流传的著名清音唱段有170多个,如《三国》《西厢记》《白蛇传》《水浒》等。2008年,清音戏被列入省级非物质文化遗产代表作名录。

肘搁

肘搁是亳州最有特色的一种民间舞蹈,距今已有数百年历史。肘搁分"座子"和"架子"两部分。"座子"由体格强壮者担任,"架子"的担任者必须体形轻巧,所以多为小孩,他们身着戏装立于细铁架上,表演戏剧片段,被"座子"肘着,有一种悬空之感,与广东的抬搁类似。肘搁共有13架:鳌鱼、青蛇白蛇、三娘教子、孙悟空、唐僧、沙僧、白骨精、单挑花篮、水湿蓝桥、刘海戏金蟾、仙鹤、仙女、瞎子卖牌等,表演时走"铁索扣"舞步。

三斗

亳州作为商业都会和文化古城,在社会市井生活中有许多消遣娱乐活动,其中斗鸡、斗蟋蟀、斗鹌鹑被称为"民间三斗"。最具有特色的当数斗蟋蟀,也称"斗蛐蛐"。

亳州是蟋蟀的著名产地,蟋蟀以个大、体强、腿粗、头圆、肤色好而闻名。斗蟋蟀有许多讲究,分重量和级别,俗称"比对子",以示公平。现在,每到秋分时节,许多玩家便聚到一起进行斗蟋蟀比赛。

王人农民诗画

王人指利辛县王人镇。王人农民诗画始于1957年,开初只是在墙头上画农业科学知识图解,1958年达到高潮,大街小巷、村村庄庄,诗画满墙,比比皆是,就连沟河两岸,也用砂礓嵌上诗画。王人镇掀起了群众性的诗歌壁画创作热潮。

王人农民诗画的艺术特点是诗中有画,画中有诗,诗画合一。诗歌多为打油诗,以七言为多,内容与画相一致。绘画采用中国民间传统的单线平涂,用色鲜艳。这些诗画继承和发扬了我国民族诗画的优秀传统,通俗易懂,想象丰富,大胆夸张，多具浪漫色彩，深刻生动地体现了劳动人民的思想感情和理想，充分表达了劳动人民的豪迈气概和乐观主义精神。如《赞搞积肥》："出门三日把家还，疑惑错走到四川。此处看是淮北地，为何遍地都是山。"

1958年7月，省文化局在王人召开农村文化现场会，《人民日报》作了专题报道，《安徽日报》头版头条发表了10多幅王人农民诗画和省文化局局长钱丹辉的文章，《新文化报》《光明日报》《文汇报》《农民画报》《青年报》等报纸杂志也纷纷给予报道，《美术》先后发表王人农民诗画100多幅。安徽省文联、安徽省群众美术艺术馆、人民美术出版社合编的《阜阳农民画集》收录了40多幅王人农民诗画，引起了国内、国际的重视。外交部应各驻外使馆的请求，组织中国驻捷克斯洛伐克等14个国家的文化参赞来王人参观。当年，王人乡政府在全国农业社会主义先进工作会议上受到了国务院嘉奖。中国新闻电影制片厂将王人农民画和王人农民画家拍成专题新闻纪录片，在全国各地上映后引起强烈反响。2008年，王人农民诗画被列入亳州市非物质文化遗产代表作名录，一大批走上致富道路的农民又开始挥毫泼墨，用手中的笔描绘新农村、新生活。

九曲黄河灯阵

九曲黄河灯阵是流传在亳州市利辛县展沟镇民间的一种灯阵，又名"迷魂阵"，源于《封神榜》赵公明的三个妹妹围困姜子牙所布的阵法。据传，殷纣王麾下有一员武将叫赵公明，因轻信申公豹的话助纣伐武，被姜子牙所杀。赵公明的三个妹妹云霄、琼霄、碧霄为给哥哥报仇，便摆下迷仙大阵，即后人所称的九曲黄河阵，致使姜子牙在阵中受困百日不得破解。最后姜子牙在云中子的帮助下得以破阵，并诛杀三霄妹。后来姜子牙打败纣王封神时，念赵公明误受申公豹所惑，封赵公明为灶神，感三霄妹为兄报仇真情所致，封三霄妹为三霄娘娘。当三霄娘娘留驻展沟镇泰山宫后，她们的九曲黄河阵也传给了展沟人民。

九曲黄河阵经历代演绎变为现在的灯阵，所以也称九曲黄河灯阵，阵是按八门九宫361点（即361盏灯）来排的，其中一个点是阵中心12米高的制高点，加上城门楼4盏灯共计365盏，寓意为全年365天。阵的布列由城门楼、外部围、外网围所组成，其365盏灯分上八仙、下八仙、百鸟、禽兽灯等，无一相同。

九曲黄河灯阵既属于民风习俗，又是民间美术和民间工艺的展示，反映了我国古代劳动人民的聪明和智慧。2008年九曲黄河灯阵被列入安徽省非物质文化遗产代表作名录。

二夹弦

二夹弦是我国的稀有剧种，它源于皖、苏、鲁、豫、冀相邻地区，距今已有200多年的历史。由于二夹弦的主要伴奏乐器是"四弦"，也就是四弦胡琴，它是由两股马尾和四根琴弦组成（两根弦夹着弓上所系的一股马尾拉奏）的，故得名"二夹弦"。

相传清嘉庆年间，山东濮州有一个姓明的秀才，虽然家境贫困，但他酷爱诗歌，精通韵律。一日，他女儿一边纺棉花，一边哼唱小调,那纺车的声音伴着歌声,美妙悦耳,十分动听。于是,他忙把谱子记录下来。后因遭天旱,父女南下逃荒,沿途唱着他编的小调乞讨,每到一处村里人都很爱听,这就是最初的纺棉小调。后来经过老一辈艺术家一代又一代的努力,今天的二夹弦才逐步形成。

二夹弦表演

1958年底,当时的亳县县委根据当地群众的建议,成立了亳县二夹弦剧团,演出《大铁山》《站花墙》《王林休妻》《对绣鞋》《三拉房》等70多个剧目。1962年亳县二夹弦剧团的高中贤、王玉芹曾与山东定陶二夹弦剧团赴北京人民大会堂演出《二度梅》,受到刘少奇、陈毅等国家领导人的亲切接见。1963年山东定陶二夹弦剧团特邀高中贤、王玉芹、马璐等人再度赴北京景山公园演出《金龙盏》,受到了朱德等国家领导人的亲切接见,朱德、陈毅等老一辈领导人对这一稀有剧种给予了很高的评价。

二夹弦深受当地老百姓的喜爱。群众曾用这样的话来赞美其唱腔的优美:"撕绫罗、打茶盅不如二夹弦哼一哼""二夹弦哼一哼,不穿棉袄能过冬""不吃、不穿、不过年,也要去听二夹弦"。

目前,唯一能够演唱二夹弦这一稀有剧种的文艺团体是亳州谯城区梆剧团,他们重新排演的《刎经堂》《寻妻》《三更情缘》等剧目均获得过专业奖项。

2008年,二夹弦被列入第二批国家级非物质文化遗产代表作名录。今天的二夹弦不仅仅是一个剧种,可以说,它已经是亳州优秀民族传统文化精神的象征,是亳州人民的骄傲。

牌坊竹马

涡阳县牌坊竹马历史悠久,相传宋代便有此舞兴演。因源于涡阳县牌坊镇而得名,现流行于涡河以北,是具有浓厚地方特色的民间舞蹈形式。

牌坊竹马是典型的民间群舞,内容丰富多彩,它的舞姿、音乐和感情表达有深厚的文化内涵。与其他民间舞蹈一样,演员们伴着锣鼓节奏,摆阵跑形,展示舞姿。竹马舞往往在庙会演出时作为"开场"节目,其阵容庞大,气势雄伟,具有很强的观赏性。竹马舞音乐部分很丰富,伴奏锣鼓曲牌很多,演唱的小调更富有特色。牌坊竹马作为具有浓郁地方特色的民间舞蹈，对地域文化起着保护继承、加速传播与交流、促进发展等作用。

查拳

查拳是中华武术的优秀拳种之一，起源于山东冠县张尹。相传为明朝西域回民查尚义所创，因此被称为"查拳"。

查拳集查、滑、炮、洪、腿于一体，提倡"习艺尚德、学拳明理、艺德并举"，开拓思维，启发悟性，盛行于全国乃至海外，尤其在回族中流传得更为广泛。1925年，查拳经马忠启、马忠立等人传入亳州，后人又称之为马氏查拳。亳州现在是查拳的主要传承地和活动中心。

庙会

庙会，泛指城市或集镇赶集类的买卖场合，又称"庙市"或"节场"。亳州的庙会很多，如城内老祖殿、涡北老君堂、城东吴庙口、西关地藏庵、城隍庙、薛阁、瘟神庙、火神庙、乡村五马、魏岗、古城、小奈、十八里、观堂、涡阳天静宫、蒙城文庙等都有庙会。庙会有固定的日期，但一般都错开。一个地点的庙会每年只有一次，最多不超过三次。庙会是一个香火大会，也是一个买卖骡马、用具、玩具的大会，加上卖吃喝的、玩把戏的，相当热闹。逢会那天，赶会的人成群结队，黑压压一片，叫卖声像万鸟争鸣，闹哄哄，声震数里之外。

盘杠

亳州盘杠源于清顺治年间，当时亳州谯城北侧刘营子庄的

醒狮舞动道祖圣境（天静宫庙会）

大人、小孩都会玩盘杈，后传入城里。现存的唯一传人王学礼已有 80 岁高龄。

玩盘杈的人要求身体健壮，最好有一定的武术功底，玩盘杈的要点就是靠人的胳膊及身体的不停抖动，将杈头和杈杆旋转起来，使杈头旁的圆环发出悦耳的撞击声。盘杈有多种玩法：简单的有单抖、双抖，靠单手、双手旋转杈干；另外有单钓鱼、双钓鱼，靠一个胳膊或两个胳膊来旋转盘杈；还有上舞花、下舞花，就是在表演时将杈头向上或向下舞成花。难度较大的有"杯中艳月"，是靠两手兜着在怀内来回旋转盘杈；"苏秦背剑"，也叫"滚身"，即用胳膊将盘杈抖得高速滚动起来，在肩上及背后来回滚动；"翻山越岭"，是让盘杈滚动的同时，既能从腰里掏杈，又能让杈围着脖子来回转圈。难度更高的有"关公挑枪"，表演者将盘杈扔到四五米的高空，落下来时用脚稳稳接住，再挑起来；还有一种叫"珍珠倒卷帘",玩权者让权在身前身后不停地滚动,当权从背后沿着双腿滚到脚后跟时,用脚后跟用力一钩,使权直上直下抛到空中。表演时要求盘权不能停顿,不得落地。亳州盘权主要插入"大班会"中扮作权鬼来表演,一般要求有4~10名权鬼,各权鬼表演时做出不同的动作,再配上锣鼓,场面非常精彩。

蒙城火笔画

蒙城火笔画又称烙画,是用一种特制的铁笔,在扇骨、梳篦、木制家具以及纸绢等上面烙制成的工艺画。

蒙城火笔画历史悠久,火笔画一般呈深、浅褐色,古朴典雅,清新秀丽,其特有的高低不平的肌理变化具有一定的浮雕效果,别具一格,经渲染、着色后,具有更加强烈的艺术感染力。

蒙城糖画

蒙城糖画起源于明代,是以糖为材料来进行造型的。所用的工具仅一勺一铲,糖料一般是红、白糖加上少许饴糖放在炉子上用文火熬制,熬到可以牵丝时即可。艺人用小汤勺舀起糖汁,在石板上飞快地来回浇,制作出各种图形,多为龙、蛇、猴等普通大众喜爱的十二生肖吉祥图案,然后粘上竹签,等稍微冷却后用"起子"将糖画铲起即可。

亳州盘鼓

亳州盘鼓有悠久的历史,宋代散乐教坊十三部中设有大鼓部,这是当时官办的乐队,用于庆典、得胜、灯会、年节等场合。此外还有民办鼓队,多为求神祈雨之用。威风大鼓,名副其实,非其他鼓所能比。大鼓体积大,鼓面直径为42厘米,鼓框腹径55厘米,高30厘米,重约15千克。鼓槌粗大,一般用长50厘米、直径3厘米粗的柳木棒制成。它气势磅礴,节奏强烈,造型古朴典雅,声音浑厚,鼓调繁多,舞姿健壮,且鼓队人数众多,可达百盘以上,敲打起来威武壮观,如雷震耳,充分展现出中原儿女粗犷豪迈的气概,并能增添节日的浓郁气氛,现常用于各类庆典活动。

2 特色物产

芍花

芍花,别名将离、离草,是芍药科芍药属的著名草本花卉,在中国的栽培历史超过4900年,也是在亳州栽培最早的一种花卉,位列草本之首。清代文学家刘开有诗云:"小黄城外芍药花,十里五里生朝霞。花前花后皆人家,家家种花如桑麻。"可见当时白芍的种植有相当大的规模。亳州现在白芍种植面积占全国总面积的80%以上。

芍花被人们誉为"花仙"和"花相",且被列为中国"六大名花"之一,又被称为"五月花神",现为亳州市市花。芍花自古就是中国爱情之花的代表,现在也被誉为七夕节的标志花卉。在国外,芍花也备受青睐,有"花中皇后"的美称。

芍花不仅有极高的观赏价值,而且它的花和根都有相当重要的药用价值。芍花的作用及功效:可以治疗内分泌紊乱引起的雀斑、黄褐斑、暗疮；促进新陈代谢，提高肌体免疫力，抑制脸上的暗疮，延缓皮肤衰老；具有清热解暑、去斑、清心润肺、平肝明目、护肤养颜等功能。常饮可使气血充沛，容颜红润，精神饱满。芍药还能调节女性内分泌，去除黄气及色斑，令容颜润泽。

古井贡酒

古井贡酒，中国八大名酒之一，产自亳州市古井镇。古井贡酒拥有悠久的历史。据史书记载，古井贡酒的前身是"九酝春酒"，公元196年，曹操将家乡亳州特产"九酝春酒"及酿造方法晋献给汉献帝，自此该酒便成为历代皇室贡品，古井贡酒由此得名。1959年，政府多次拨款兴建古井酒厂，以恢复"贡酒"的生产。酒厂在采用传统工艺的基础上，又运用科学配方和技术革新，以安徽淮北平原优质小麦、古井镇优质地下水以及颗粒饱满、糯性强的优质高粱为原料，并在亳州市古井镇特定区域范围内利用其自然微生物，使用古井贡酒"两花一伏"大曲发酵，并用"三高一低"（入池淀粉高、入池酸度高、入池水分高、入池温度低）和"三清一控"（清蒸原料、清蒸辅料、清蒸池底醅、控浆除杂）的独特技术，终于酿造出风味独特、自成一家的佳酿。品酒专家评价道："古井贡酒清澈透明如水晶，香味纯正似幽兰，喝入口中甘美醇和，回味悠长。其酒乃'酒中牡丹'也！"

为弘扬中华民族酒文化，展示古井风采，古井集团于1994年投资1500多万元建成了古井酒文化博物馆，并于1996年正式对外开放。1963年古井贡酒在第二届全国评酒会上首

古井酒厂古井亭

次被评为八大名酒，名列第二。1979年和1984年，在第三、四届全国评酒会上，古井贡酒再次被评为国家名酒。1988年10月，在巴黎举办的第十三届国际食品博览会上，古井贡酒获金夏尔奖，是本届唯一获奖的中国名酒。1989年12月，古井集团首次进入按利税排序的中国500家最大工业企业行列。1992年，古井贡酒获美国首届葡萄酒白酒国际博览会金奖和1992年度中国香港国际食品博览会金奖。1994年，古井集团成功协办了安徽省首届经济成果展览会，江泽民、乔石、李瑞环、李岚清等党和国家领导人亲临古井展位，赞誉古井贡酒。1998年12月，国家工商局认定并授予"古井贡"为中国驰名商标。2007年10月，古井贡成为第八届亚洲、大洋洲老年学和老年医学大会唯一指定白酒。2010年10月19~24日，古井贡酒·年份原浆系列产品被选为2010第七届中国-东盟博览会唯一指定白酒。

高炉家酒

高炉系列酒由安徽双轮酒业有限责任公司生产。安徽双轮酒业有限责任公司成立于2009年9月19日，其前身安徽高炉酒厂始建于1949年9月，坐落在老子故里涡阳县高炉镇。该企业现有大曲发酵池近20000条，其中具有百年历史的老窖池5000条，年产各类优质白酒6万多吨；拥有员工2000多人，各类技术人员680多人，占地面积近1000亩。

高炉家系列酒以世代相守的祖传工艺酿制，其"浓香入口，酱香回味"的和谐口感、"浓酱相融，中庸和谐"的和谐品质、"偏高温制曲，原生态酿造"的和谐工艺，被白酒界专家和国家质量检测中心称赞为"浓头酱尾"，特点突出，口感和谐，品质一流。广大消费者也普遍反映该酒"入口绵、回味甜，感觉舒服"。

千年古镇高炉自古就以"酒乡"著称。高炉的酿酒起源于春秋时期，道教鼻祖老子曾沿涡河顺流而下，行至高炉，见此处土肥水美，民风淳朴，于是欣然驻足，开坊烧酒，诚招天下文人骚客，把酒临风，共叙人生、宇宙，而老子"家酒"的美誉也随着多情的涡河水广为流传。自2001年上市起，高炉家酒创造了安徽酒界的一个奇迹，并在白酒界中产生了"高炉家现象"。至2004年，高炉家酒连续四年居安徽白酒销量第一位。2002年6月，高炉家酒通过国家食品质量监督检验中心检验，获优级产品称号；2003年2月，高炉家酒荣获

"全国质量信得过产品"称号；2003年4月，高炉家酒再次荣获"安徽市场质量放心产品"称号；2004年12月，被安徽省消费者协会评为"商务畅销白酒品牌"；2005年11月，高炉牌"高炉"商标荣获"中国驰名商标"称号；2005年12月，徽风皖韵"高炉家酒"荣获"世界之星2005包装设计大奖"；2006年8月，高炉家酒荣获"国家纯粮固态发酵标志认证"；2008年3月，"高炉家"被国家工商总局认定为"中国驰名商标"；2008年6月，高炉家酒、和谐家酒荣获"中国绿色食品"称号；2010年6月，高炉家酒、和谐家酒荣获"中国优质产品"称号；2011年8月，高炉家酒荣获第三届安徽市场白酒品牌读者调查活动最具文化奖；2010年6月，高炉家酒被评为"中国优质产品"。

义门苔干

涡阳义门苔干是我国一种稀有珍贵的天然绿色食品，在当地加工种植已有几百年的历史，清康熙和乾隆年间均作为贡品纳入皇宫，又名"贡菜"；1958年周总理品尝此菜时，因清脆有声，而命之为"响菜"；1983年首次出口日本、韩国等地。因苔干吃起来有海蜇的响脆声，故以"山蜇菜"名扬海外。

自1985年至今，涡阳苔干连续多次获得国内展销大奖。1986年获深圳展销会畅销商品；1988年获北京农业博览会金奖；1991年被农业部、财政部列为"八五"期间全国最大的名、特、优项目进行开发；1992年获香港国际食品博览会特别奖；1995年被列为北京第四届世好会"专用贡菜"，同时涡阳县被国家命名为"中国苔干（贡菜）之乡"；1999年获安徽省和国家级名牌产品称号，其"义门牌"和"真源牌"苔干相继被国家评为"绿色产品"。涡阳苔干虽系干品，但经清水泡发后，具有"色泽翠绿、响脆有声、味甘鲜美、爽口提神"的特点，故以"清新素雅"著称于世，备受海内外消费者青睐。据中国农业科学院蔬菜所分析化验，该菜具有较高的营养和医疗价值，含有20多种人体必需的矿物质及氨基酸，具有降血压、通经脉、活血健脑、开胸利气、壮筋骨、抗衰老、清热解毒、预防高血压和冠心病等功效。此菜吃法多样，既可单独成菜，又可以拼盘成菜；既可以凉拌，又可以热炒；既可以制作中餐，又可以调西餐。咸甜麻辣均可，荤素煎煮皆宜，是其他蔬菜所无法比拟的。

亳菊

亳菊是《中国药典》中以"亳"字命名的中药材之一，与滁菊、杭菊、贡菊一道并称"中国四大药用菊花"。亳菊是菊花中的珍品，《中药大辞典》中记载："白菊主产安徽亳县，称亳菊，品质最佳。"亳菊是药用菊科植物，医药专家20多年对菊花的调查研究表明，亳菊的栽培历史最为悠久，淮河以北的药用菊花均与亳菊有亲缘关系。亳菊品质优良，其朵大、色白，花朵较松，呈倒圆锥形或圆筒形，有时稍压扁呈扇状，体轻，质柔润，气清香，味甘，微苦。亳菊阴干入药可疏风散热、解暑明目，多为春、夏两季用药，如果不慎得了风热感冒，不妨取亳菊与冰糖代茶饮。夏季还可将亳菊与大米一起煮成粥，可预防中暑。人们还常用亳菊做成药枕，以健身避秽。华佗国药厂生产的"华佗药枕"就是用亳菊制成而行销全国的。

亳州药农家家都有种植菊花的习惯，一是观赏价值很高，亳菊多为大面积种植，远远看去就像一个花的海洋，香味扑鼻，令人心旷神怡；二是经济价值可观，正常情况下，每亩可收入4300元左右，比种植其他农作物利润大得多。作为亳菊的主产地，亳州市正大力发展亳菊等无公害中药材种植，亳菊已经成为当地药农增收致富的主要中药材之一。

亳芍

亳芍即白芍，亳州本地所产药材，指芍药科植物芍药或其变种毛果芍药栽培品的根。为毛茛科多年生草本植物，花大而美丽，到芍花盛开时，亳州的乡间芍花遍地，随处可见。亳芍一般种植期3~5年，9~10月采挖，去泥后放入开水中煮5~15分钟，捞出后去皮晒干即可。加工后的芍药呈粉白色或白色，故又称"白芍"。

早在魏晋时期，亳州栽培的芍药就已闻名于世，据史书记载："芍药著于三代之际，风雅所流咏也，今人贵牡丹而贱芍药，不知牡丹初无名，依芍药得名。"这里是说芍药风靡称著的时候，"花中之王"的牡丹还是"无名之辈"，后来靠芍药才起家得名的，因此有"四月余容赛牡丹"之句。到了清末，亳州栽培白芍达到极盛。因亳州白芍质地优良，药用价值高，亳州遂成了全国闻名的白芍集散地。

亳芍性寒，味酸苦，具有平肝潜阳、益血敛阴、柔肝止痛、活血散瘀、抗血栓形成和抗血小板聚集等功效。主治头晕、耳鸣、腹痛、盗汗、痢疾等多种疾病，又是妇科的一味常用良药，主治月经不调、经前腹痛等。据《诗经》记载，早在两千多年前的春秋时期，亳州男女定亲就以互赠当地的白芍花作为信物。明嘉靖年间，亳州的芍药栽培和生产已十分兴旺。由于亳州气候生态条件优越，又具有传统的种植加工技术，因此亳芍产量占全国的70%以上。

亳桑皮

桑皮又名桑白皮，来源于桑科植物桑的根皮。春、秋季挖取根部，去净泥土及须根，趁鲜刮去黄棕色粗皮，用刀纵向剖开皮部，以木槌轻击，使皮部与木部分离，除去木心，晒干。

桑皮以产区分为亳桑皮（安徽亳州）、严桑皮（浙江淳安）、苏北桑皮（江苏泰兴、南通）三大产区。因亳桑皮药材皮质厚、宽阔而硬、产量大，而严桑皮和苏北桑皮均皮质薄而软，所以亳桑皮质量最佳。

亳桑皮呈扭曲的卷筒状、板片状或两边向内卷曲成槽状，长短宽窄不一，厚1.4～1.5毫米，外表淡黄白色，粗糙，有时可见棕黄色，片状粗毛，内表面黄白色或灰白色，有细纵纹，纵向裂开，露出纤维。质硬而韧，纤维性强，不易折断，易纵向撕裂，撕裂时有白粉飞扬。气略有豆腥感，味微甜。

亳桑皮味甘、辛，性寒，归肺、脾两经。有泻肺平喘、利水消肿之功效。主治肺热喘咳、水饮停肺、胀满喘急、水肿、脚气、小便不利。现代药理研究证明，桑白皮有明显的利尿、降血压、镇痛、镇静、抑菌等作用。另外，桑白皮提取物对小鼠有镇静作用。通过在狗身上实验,初步证明用桑白皮线缝合的伤口可无需拆线。

亳花粉

亳花粉,中草药名,始载于《神农本草经》,因其根多粉,洁白如雪,又名天花粉。天花粉系亳州地产药材,来源于葫芦科植物栝楼的干燥根。亳花粉个肥大,色白,粉性足,筋脉少,质佳,是国家著名的地道药材。

亳州除大面积在田间种植天花粉外,还习惯将栝楼种在院前屋后,或种在树下,方便其藤蔓攀爬。天花粉喜温暖湿润、阳光充足的环境,不耐旱,怕涝洼积水,适宜生长于冬暖夏凉的低、中山区,年平均气温在20℃左右,7月平均气温28℃以下、1月6℃以上时较利于植株的生长发育。天花粉对土壤要求不严,但由于植株主根能深入土中1~1.5毫米之下,故宜选土层深厚、疏松肥沃、排水良好、周围无污染源的砂质壤土平原地或15~40度的向阳山坡地作种植地。

天花粉是栝楼雄株的根,秋季采挖,洗净泥土,除去须根,刮去外皮,切成长10~20厘米的小段,肥大者纵剖成2~4瓣,晒干。晒时经常翻动,以免干湿、颜色不均匀。天花粉呈不规则圆柱形、纺锤形,或瓣块状,长8~16厘米,直径1.5~5.5厘米。表面黄白色或淡棕黄色,有纵皱纹、细根痕及略凹陷的横向皮孔。质坚实,断面白色或淡黄色,富粉性,横切面可见黄色筋点(导管孔),略呈放射状排列,纵切面可见条纹状筋脉纹(导管)。优质天花粉块大、色白,粉性足,质坚细腻,筋脉少。天花粉味甘、微苦、性凉，有生津止渴、降火润燥、排脓消肿之功效，可用于治疗热病口渴、消渴、肺热燥咳、乳痈、疮肿等。天花粉含有天花粉蛋白、淀粉和皂苷等。现代药理研究证实，天花粉可致流产和抗早孕，有抗癌作用，对免疫系统具有双向性作用。近年来，花粉食品作为一种新型的营养保健佳品风靡全球，被称为"完全营养食品"，而天花粉在营养食品中名列前茅。

皖麦38

"皖麦38"是涡阳县农科所原所长刘伟民历经十年艰辛培育的优质、高产、稳产、多抗小麦新品种，于1999年5月26日顺利通过国家审定，填补了安徽省半冬性小麦无国审优质小麦的空白，正式宣告了国内育种界高产与优质不能并举时代的结束，从而铸就了全省乃至全国小麦育种史上一座辉煌的里程碑。

1997年"皖麦38"荣获阜阳市科技进步一等奖；1998年安徽省将其列为"九五"期间主打品种，并要求粮食部门加价收购"皖麦38"；1999年"皖麦38"的选育研究被列为"九五"国家科技攻关重中之重项目，获国家"九五"第二批主要农作物后补助品种，通过国家审定。

"皖麦38"具有丰产、优质、稳产、多抗、突破五大先进性。另外，"皖麦38"适宜早播。淮北地区小麦持续高产、稳产的关键是充分利用9月底的温、光、自然降水等条件，种好早茬麦。而"皖麦38"是一个半冬性仿冬类型的品种，可提前到9月25日播种，是解决早茬比较理想的品种。

铜关粉皮

根据史书记载，亳州生产粉皮最早是在东汉时期，有着两千多年的历史。其中以谯城区谯东镇铜关村生产的粉皮最有名，铜关粉皮形如满月，精选上等绿豆为原料，经传统10余道工序生产而成，因其色如美玉、柔软如缎、薄如蝉翼、晶莹剔透、亦食亦菜、口味纯正、品质优良、入口爽滑而备受推崇。

铜关粉皮是亳州土特产之一，是拜亲访友、赠送来宾的最佳礼品。铜关粉皮具有千余年的生产历史，相传明万历年间曾作为贡品进贡朝廷。随着历史发展，铜关粉皮也在不断提高质量，从寻常百姓家走上高级餐厅，生产能力连年扩大且供不应求。铜关粉皮因其为纯绿豆所制，故具有极好的药用保健作用，如抗早衰、抗高血压及心血管疾病与清热解毒等功效。

在民间，关于铜关粉皮的由来，还流传着一个故事。相传公元887年前后，当地连续几年大旱，但这并没有影响铜关人五年一修关帝庙的惯例。这一年，百姓们还特别为关老爷铸起一尊大铜像。铜像建好后，各姓族长们就坐在关公膝下商量该如何抗灾。突然，关公的一面紫铜镜"咣当"一声落了下来，一位长者认为这是关公在赐福，便随手把这面铜镜扔到了烧开的水里漂煮，并浇上了百姓赖以活命的红芋粉糊糊。这个时候，奇迹出现了，铜镜上很快现出一张香味扑鼻的薄薄大饼——这就是铜关人发明的第一张粉皮。而关老爷的铜镜，就成了一直沿用的制作粉皮的工具——铜璇子。铜关人做粉皮也由此世代延续下来。

20世纪90年代初，铜关粉皮厂申请注册了商标。现在铜关粉皮的销售范围除亳州市外，还有合肥、阜阳、淮北、南京和马鞍山等地。现在的铜关村有80%的村民在做粉皮生意。在当地政府的帮助下，村民由此走上了致富路。另外，铜关村早在10多年前还被国家农业部命名为全国生态平衡示范村。

观堂大蒜

大蒜乃百菜之王。观堂大蒜个大、皮薄、肉厚、汁浓、辣而不呛、香而不腻，出油率高，蒜薹粗、苔长、色鲜、质嫩、无病害、耐储存，可称蒜中之首。观堂大蒜产于刘集、沙土等沿涡河地段，这里因水土适宜，生长的大蒜属于正宗品种。观堂大蒜的独特之处是其内在质量，一般大蒜只能"吃"一水，它却能"吃"三水。所谓"吃"三水，指的是将大蒜捣碎，凉水调成蒜汁，馒头蘸而食之。汁干再兑水调之，味道不变。第三次兑水，仍能调成一定的浓度，味道如前。经过多代栽种繁殖，现在，观堂已发展到万亩的种植规模，蒜薹和大蒜已名扬各地。每到收获季节，全国各地的客商云集观堂，公路上的车辆头尾相接，终月余而不息。观堂镇已成为全国闻名的大蒜之乡、中国亳州大蒜种植基地。

其实，早在1700多年前的东汉时期，观堂人就已种植大蒜，观堂大蒜源于何时，在当地蒜农中还流传着一则传说。古时候刘集有一眼毒泉，泉水清冽，入口香甜，然而喝过之后，片刻即会昏迷倒地。有几个心术不正的汉子一商议，便在毒泉边干起剪径的勾当。他们事先埋伏好，见有往来客商饮水昏倒后，不费吹灰之力就掠走了财物，每每得手，百无一失。忽一日，来了一位推车老人，蹲在泉边掏出一把食物，边吃边喝，而后安然离去。几个人大吃一惊，前往一看，只见泉边遗下一物，其大如杏，是推车老人刚才吃的东西。有人要去追赶，领头者说："既然留下了东西，让他走算啦！"他们不知老人遗留之物是啥，便取名为"算"，后来加草字头而成为"蒜"字，视为解毒之宝。经过多代栽种繁殖，当地竟成了大蒜之乡。在1995年第二届中国农业博览会上，观堂大蒜获全国同类产品唯一奖牌。现在，观堂大蒜已成为当地农民的主要经济来源之一。

三官核桃

三官核桃产于亳州市谯城区三官镇。核桃原产于羌胡，故又名胡桃，因其全身都是宝而备受世人青睐。三官由于地质条件好，1960年国家决定在此投资建设亚洲最大的核桃林场，直属安徽省林业厅，到1962年共育林3.7万亩，1963年安徽省政府决定将其定名为"国营亳县核桃林场"。现在林场面积已达7.4万亩，年产核桃100万千克。三官核桃个大、肉厚、壳薄，壳坚肉脆，味香浓，营养丰富，极具滋补作用，作为当地的一大特产，过去主要供应军工和航天企业，现在远销海外，成了当地大宗出口商品之一，被称为"核桃王国"。

我国古人早就发现核桃具有健脑益智的作用。李时珍说：核桃能"补肾通脑，有益智慧"。不少古人还发明了许多吃核桃的方法，如将核桃500克打碎去壳取仁，将核桃仁加冰糖捣成核桃泥，密闭储藏在瓷缸中，每次取两茶匙，用开水冲和饮服。据说，用水冲和后浮起的一层白色液体，就是补脑作用最强的"核桃奶"。

核桃不仅是最好的健脑食物，又是神经衰弱的治疗剂。患有头晕、失眠、心悸、健忘、食欲减退、腰膝酸软、全身无力等症状的老年人，每天早晚各吃 1~2 个核桃仁，即可起到滋补治疗的作用。核桃仁还对其他病症具有较高的医疗效果，如它具有补气养血、润燥化痰、温肺润肠、散肿消毒等功能。近年来的科学研究还证明，核桃树枝对肿瘤有改善症状的作用，以鲜核桃树枝和鸡蛋加水同煮，然后吃鸡蛋，可用于预防子宫颈癌及各种癌症。

巩店椿芽

利辛县巩店镇香椿种植历史悠久，是远近闻名的"香椿之乡"。巩店镇位于沙河东岸、洇河西岸，有"九沟五湖归一潭"之称，工业生产相对滞后，无工业废水、废气污染，是典型的无公害、无污染绿色农业生产大镇。据资料显示，巩店镇200万年前已形成第三地层，地质为多元结构，由冲积形成的松散堆积物组成，境内土地肥沃，资源丰富，盛产香椿，久负盛名。

"门前一株椿，春菜常不断"。许多农户在房前屋后、新房庭院、老宅基地都栽植香椿树。香椿，为楝科楝属中以嫩茎叶供食的栽培种，多年生落叶乔木。香椿嫩芽脆嫩多汁、色泽鲜美，具有独特的浓郁香气；香椿的营养价值和经济价值均极高，其蛋白质、维生素 C 含量居群蔬之首。除了嫩芽及嫩叶可作蔬菜食用外,其树皮、根皮、种子均为上品药材。香椿原产于中国,并且我国是唯一用香椿作为蔬菜的国家。香椿早在汉代就被我们祖先食用,曾与荔枝一样作为贡品。现辽宁南部、华北至东南和西南各地均有栽培,河北、山东、河南、安徽出产较多。日本从我国引种,也有少量栽培。香椿是典型的无公害、无污染的绿色食品,味道鲜嫩、清醇、芳香,营养价值高。

近年来,利辛巩店引进优质红油椿树2万多棵,栽植在镇境内21公里的济广高速公路两侧。"雨前椿芽嫩无丝",其盛产的谷雨前椿芽以色鲜、味美、无丝、脆嫩等特点著称。目前,巩店镇有椿园20多个、香椿基地3个,种植红油椿、青油椿、黑油椿等近百万棵,年产鲜椿芽40多万千克,产值可达千万元。每年4月的"香椿之乡"随处可见人们忙于采摘椿芽的场景,到处弥漫着欢声笑语,呈现出一幅幅繁荣景象。

"贡殿椿芽"是当地椿芽生产的知名品牌。据说乾隆皇帝私访下江南,路过巩店,吃过椿芽,连连称赞"好吃,好吃"。后颍州知府把巩店的椿芽作为贡品送往京城,由此得来"贡殿椿芽"之名。巩店镇椿芽目前已开发出"女儿红"鲜腌椿芽等品种,且"女儿红"椿芽在1995年黄山食品博览会上获得金奖。此外,香椿木制家具也是当地一绝,据说用香椿树做的书案、餐桌,不用油漆,天然花纹,且蚊蝇不入桌,香味奇特,沁人心脾。

巩店村民都有一个习惯,就是有人患了感冒、咽炎的时候,喜欢用腌制的香椿芽泡茶喝，治疗效果很好。同时它也是治疗多种妇科病的良药，这就是巩店镇最初传统的"香椿茶"。"香椿芽制成茶叶，口感好，又能发挥其特有的药用价值。"安徽省农科院茶叶研究所研制成色、香味俱全的红、绿香椿等"香椿茶"，近年来开拓了巩店香椿的发展之路。其运输方便、可存放，食用方法具有多样性，不仅可开水冲泡饮用，同样可餐、可佐。如用温水浸泡，复原其叶形，以叶芽食之，等等。香椿芽作为饮料长期饮用，能强身健体、延年益寿。

近年来，巩店镇采用大棚种植、播苗育苗、四季栽插、矮化栽培的庭院化经济战略，不仅提高了香椿的质量，而且使椿芽上市早、效益高，形成了规模—特色—档次—市场—效益的发展格局。据巩店镇负责人介绍，全镇已栽香椿树100多万棵，有规模香椿园200多个，可年产鲜椿芽40多万千克，年创产值上千万元。同时，依托资源优势，该镇建起了士同椿芽制品加工厂等，成立了股份合作有限公司，走"公司+农户""市场牵企业"的发展之路，形成了产供销一条龙的信息服务网络。

3 美食名吃

牛肉馍

牛肉馍是亳州特有的一种清真食品，因其色泽金黄、外脆里嫩、香气扑鼻，一直备受市民喜爱。亳州牛肉馍以上好的黄牛肉和粉丝为主料，佐以葱、姜及多味材料调馅，用面粉做皮，馅皮层层相叠，制成直径为35～40厘米，厚度为3～5厘米的圆形饼,放在特制的平底锅内慢火细炕,待炕至外壳金黄时即可食用。该馍入口皮脆馅鲜、油而不腻、香酥可口,是小吃中的上品。

油炸馍

油炸馍又叫油杠,俗称"炸秦桧",为亳州独有的特色小吃。其形似油条,但比油条粗、短且只有一根;口感也似油条,但比油条松软可口,口感劲道。油炸馍以上好的面粉、佐料,用特有的方法和制,然后用两根细铁钎将和好的面缠绕其上,用力一拉,放在油锅内炸制翻转,待其表面呈金黄色时捞出即可。

关于油炸馍的故事,亳州人耳熟能详。相传,清朝某年亳州城隍庙演"大班会",当演至将"秦桧夫妇"拉出示众时,一个卖小吃的妇女随手揪起一面团丢进油锅内,边丢边说:"炸死你这个秦桧。"孰料那面团经油炸之后,色黄蓬松,捞起来一尝竟十分可口。就这样,油炸馍便诞生了。

锅盔

锅盔又名壮馍,是亳州特有的一种食品,源于外婆为外孙庆贺满月时赠送的吉祥物,后发展成为一种风味小吃。锅盔整体呈圆形,因其外形又圆又硬,酷似古代人穿的盔甲,因此得名"锅盔"。

锅盔制作时,取大块面团反复揉"熟",配以佐料,制成直径为40~50厘米、厚度为3~4厘米的圆形厚饼,上撒芝麻,放入平底锅内翻炕。其成品外表焦黄,切口砂白,酥脆可口。因锅盔好吃挡饿,且可长时间放置,因此也成为野外活动者所喜爱的便携食品。

油茶

油茶是亳州的一种特色小吃。油茶的用料是千张豆腐、面筋、海带丝、肉末、花生仁，放入大骨老汤中文火慢炖，而后和入适量面粉和淀粉。油茶的口感是鲜香醇厚而略带黑胡椒的微辣，入口时，能感到它的软黏而绝不滞口。

在亳州街巷，装油茶的器具也很具特色：一只铁皮做的大壶，壶的上半部有一支近一米的细长管子，倒油茶时，将壶稍倾，便有清香的油茶汩汩流出。

麻花

麻花乃北方常见食品，但亳州古城的麻花有其独特之处。一是重油麻花，产于涡河北岸，以周家最为出名。做法是发面时用酒做引子，掺以少量芝麻。一个约一两重，用文火慢炸。成后，色泽金黄、酥香可口，置之阴雨天里，数日而不回潮。若遇黑夜停电时，拿根麻花用火柴点燃，可以替代灯火照明。二是回民锁家麻花，做法是以清香油代水和面，而且以 10 斤面用 12 斤香油为准。其细微工艺，传男不传女。炸出的麻花酥脆不腻，入口无渣。三是谯城区古城集王家麻花，兼有周、锁两家麻花之长，味道更为酥香。

涡阳干扣面

干扣面，是涡阳的一种独具风味的面食。干扣面是以煮熟的黄豆芽作铺垫，配以蒜汁、葱花、味精、胡椒、食醋、香油、酱油等底料，煮熟的面条如雀巢一样覆盖其上，再以油榨辣椒作上料，充分搅拌以后即可。其特点是香辣爽口，筋道挡饿。如和五香狗肉等食品搭配而食，味道更佳。吃完干扣面后,要是再喝上一碗清香的豆芽纯汤,更觉美味无穷,过口不忘。涡阳干扣面最著名的是侠岭扣面。

义门熏牛肉

涡阳县义门镇是回民聚集的地方,食牛肉是这里人的习惯。经过长期实践,义门人摸索出了一套熏制牛肉的方法,形成了风味独特的义门熏牛肉。

义门熏牛肉的制作方法很别致。卤牛肉师傅一般将冬季的鲜牛肉分割、打花、切块,使之薄厚均匀、纹路整齐,然后将精盐、茴粉、卤水等均匀地撒在肉上,分层次摆入卤缸内,定期翻缸,一日三摔(将肉的血水摔出)。待肉卤透,呈半干状时,用芦席将缸顶封成圆锥形,内燃硫黄,外用灰浆糊严,圆锥顶尖部留一透气孔。硫黄燃尽,再将肉往树一类的硬物上摔。之后将出缸的牛肉洗净,配以佐料煮熟,然后再用中草药及香料熏制。熏好的牛肉再过清香油炸,冷却后即可切片食用。这样做出来的牛肉形状整齐、颜色鲜红、香鲜无比,且味透易嚼、入口即烂。

高公糖醋蒜

高公糖醋蒜产于涡阳县高公镇。相传,西汉开国功臣张良晚年体弱多病,隐居于城父县张家湾(今涡阳县高公镇),不再过问政治,每日研究食道,探索长寿秘诀。当时,人们认为大蒜能防病治病,就都种植大蒜。张良因常年吃大蒜,多年缠身的疾病也去除了,甚是欢喜。为了改进大蒜的吃法,张良研制出了口感上佳的糖醋蒜,并把自己研制的方法传授给大家。后来,糖醋蒜还被定为"贡品"进贡皇上。经过世代相传，糖醋蒜的做法已成了一门绝技。现在，高公"张士奎"糖醋蒜已成为"亳州市知名商标""绿色食品标志"。

油酥烧饼

油酥烧饼是亳州蒙城颇具特色的风味食品，该饼是以面粉为原料，用水面团制成薄皮，抹入调配好的猪油茸泥，卷压成饼，烤熟而成。

蒙城油酥烧饼选料精良，做工考究。面粉要用上等精白粉，猪油要用上等猪板膘油。面要和得不软不硬，食盐、大葱、麻油、芝麻等佐料的用量和搭配都有严格的标准（根据季节气候作适当的调整）。蒙城油酥烧饼入炉前涂以酱色油和芝麻，烤熟后饼呈黄色，用火钳挑开，层层薄如纸，透明流油、焦酥可口。据《蒙城县志》记载，蒙城油酥烧饼至今已有150多年的历史。1997年，蒙城薛家油酥烧饼被认定为"中华名小吃"。

蒙城䐓汤

䐓汤是蒙城著名的小吃。该汤是用老母鸡、猪排等为原料，炖好后，打鸡蛋在碗里，搅拌均匀，用沸腾的肉汤浇沏，撒入香菜、虾皮、胡椒等佐料，就制成了一碗黄澄澄、香喷喷的肉杂蛋花汤。

该汤为何叫䐓汤呢？这其中流传着一个故事。相传当年乾隆微服私访，慕名游庄子故里，夜间行路至一村庄，饥饿难耐，遂向一村妇求饭。当时，村妇将家中仅有的一只老母鸡杀了炖汤，又将仅有的麦仁、糯米一碗与鸡同炖，汤熬好后又用鸡蛋冲了两碗蛋花汤献上。乾隆一闻,鸡汤和饭香扑鼻而来,再一品,入口鲜咸、汤味浓重,一碗下肚,劳顿饥渴顿消,精神大振,便随口问村妇"这是啥汤",村妇重复说"啥汤"。

乾隆不解,旁边侍卫见天上有月,天子在前,灵机一动,说这就是"䐃汤"。"䐃"意为"天子月下久等,喝得此妙汤"。乾隆大悦,挥笔写下"䐃汤"二字。从此,这道名点流传至今。

最为奇特的是,这"䐃"字只有蒙城人会写会读。外地人来蒙城一看不认识,就问:"这是啥汤?"答:"就是䐃汤呀!"后来以讹传讹,"䐃"字被读为"shā",误写作撒、洒、沙的都有。

阚疃板鸡

利辛阚疃的板鸡蜚声省内外,它是以优质家养鸡(草鸡)为原料,精细加工,以地下清泉水洗、卤,营养丰富、嫩脆爽口、鲜香无比,吃到嘴里无油腻感,且骨头有嚼头儿。

阚疃集老字号百年大块板鸡兴于清同治年间,现已传至第五代。其曾祖父姓王,名字已无人知道,只知道绰号"大块板鸡"。其祖父王玉山,绰号"脆皮鸡"。父亲王金盘将手艺传给三个儿子,老大王志敏、老二王琳、老三王义,如今第五代传人王宝贵手艺最好,系老三王义长子。王家五代传人在阚疃集经营大块板鸡(脆皮鸡)已有140年,历代享有盛誉,20世纪80年代更是声震华夏,产品不但销往祖国的大江南北,而且还远销海外。尤其是远方的客人来探亲访友,回去唯一提出要带走的礼物,就是买几桶阚疃集的大块板鸡。由此,自20世纪80年代至今,利辛县不少人外出,均提前到阚疃预订半包装好的百年老字号大块板鸡,让亲朋好友品尝它的独特风味——皮脆肉香。"阚疃板鸡"已被列入亳州市非物质文化遗产代表作名录。

四　历史人物

1　古代人物

神农氏　传说中农业和医药的发明者。相传远古人民过着采集渔猎的生活，他们用木制成耒耜，教民农业生产。据说神农氏曾尝百草发现药材，教人治病。一说神农氏即炎帝。

亳州是中华民族发祥地之一，也是神农氏后裔的居住地。周初，武王克殷，"武王追思先圣王，乃褒封神农之后于焦"（今亳州市，见《史记·周本纪》）。焦成了神农氏后人的居住地。明代，亳州城建有神农冢（明嘉靖四十三年《亳州志》）。清光绪年间，亳州城东北隅建有神农氏衣冠坊（清光绪二十年《亳州志》）。

帝喾　五帝之一，古代部落首领。相传为黄帝的曾孙，尧的父亲。商代卜辞中以帝喾为高祖。帝喾，一作俈，号高辛氏，居亳，即今亳州市谯城区。《元和郡县志》云："高辛氏故城在谷熟县西南四十五里,帝喾初封于此。"西汉孔安国曰:"亳郡,高辛氏之所都也。"明嘉靖四十三年(1564)《亳州志》载:"亳郡,高辛氏之所都也。"《史记》载:帝喾即帝位后,"聪以知远,明以察微。顺天之义,知民之急,仁而威,惠而信,修身而天下服"。三国时期著名文学家曹植(沛国谯人,今亳州市谯城区人),曾作《帝喾赞》以颂之:"祖自轩辕,玄嚣之裔,生言其名,木德治世,抚宁天地,神圣灵宾,教讫四海,明并日明。"北周大象元年(579),因南兖州(今亳州市)地处古"南亳"之域,为纪念帝喾,"遥取古南亳之名以名州",改南兖州为亳州。亳州之名,始见于此。

商成汤 生卒年不详。子姓,原名履,又称武汤、武王、天乙。商族部落首领,商朝的建立者。夏朝末年,商族逐渐强大起来,而夏桀暴虐无道,丧失民心。桀畏汤势力强大,遂召汤入夏,将之囚于夏台。后汤得释,广施仁政,受到爱戴,归顺者日众。汤又选任贤能,举任奴隶出身的伊尹为右相,辅佐国政,并接受他的建议,把都城建在居高临水、土地肥沃的南亳之地(今亳州市),植桑种麻、发展生产、繁衍人口,积聚力量准备灭夏。后汤陆续攻灭邻近的葛国(今河南宁陵北)与夏的联盟韦(今河南滑县东南)、顾(今山东鄄城东北)、昆

汤王像

吾（今河南许昌东）等。经过11次出征，商成为强国，并一举灭夏，建立商朝，都南亳，后迁至西亳（今河南偃师）。亳州之"亳"由此得名。亳州城东北涡河北岸有汤王墓，记载见于《皇览》。汉建平元年（前6），汉哀帝遣御史长卿拜谒。曹操宗族墓出土的字砖中有"谒汤都"铭刻，为汤都南亳之一例证。

柳下惠（前720～前621） 本姓展，名获，字禽，是鲁孝公的儿子公子展的后裔。"柳下"是他的食邑，"惠"是谥号，因此后人称他"柳下惠"。据说他又字季，所以有时也称"柳下季"。清《凤台县志》载："柳林寺（今属利辛县）在展沟西南八里，春秋时柳下居此，附近展姓尚多，传为展禽后裔。"柳下惠"坐怀不乱"的传说在展沟一带妇孺皆知。柳下惠做过鲁国大夫，后来隐遁，成为"逸民"。《论语》记载柳下惠在鲁国做士师（掌管刑罚狱讼之事的小官）时，因生性耿直，不事逢迎，常得罪权贵，竟接连三次受到黜免，很不得志。虽然屡受打击排挤，但其道德学问却名满天下。有一次，强横的齐国派人向鲁国索要传世之宝岑鼎。鲁庄公舍不得，遂以假鼎冒充。齐国人说："我们不相信你们，只相信以真诚正直闻名天下的柳下惠。如果他说这鼎是真的，我们才放心。"庄公只好派人求柳下惠。柳下惠说："信誉是我一生唯一的珍宝，毁我珍宝保你珍宝的事我能干吗？"庄公无奈，只得拿出真鼎。柳下惠是遵守中国传统道德的典范，后人对他非常推崇。

柳下惠死后葬于汶水之阳，其墓历来受到人们的保护。秦伐齐，道经柳下惠墓地，下令："有去柳下惠墓地采樵者，死无赦。"孟子曾把柳下惠和伯夷、伊尹、孔子并称四位大圣人，认为他不因为君主不圣明而感到羞耻，不因官职卑微而辞官不做；身居高位时不忘推举贤能的人，被遗忘在民间时也没有怨气；贫穷困顿时不忧愁，与乡下百姓相处，也会觉得很愉快。因此，听说了柳下惠为人处世的气度，原来心胸狭隘的人会变得宽容大度，原来虚伪刻薄的人会变得老实厚道。孟子称赞说"柳下惠，圣之和者也"，可为"百世之师"。

伍子胥（？~前484） 名员，春秋时人。其父伍奢为楚平王子太子建太傅，伍子胥随父与太子建居城父（今亳州市城父镇）。奢因受太子少傅费无极谗害，伍奢及其长子伍尚一同被楚平王所杀。太子建和伍子胥先后逃到宋国，又一同奔往郑国。太子建被郑国诛杀，伍子胥带太子建之子逃到吴国。

伍子胥在吴国结识了吴王僚的堂兄公子光，他们借吴国兴兵伐楚的机会，刺杀吴王僚。公子光继立为吴王，改名阖闾。伍子胥遂为阖闾重臣。

吴王阖闾九年（前506），以孙武、伍子胥为将，出兵伐楚。吴军在汉水大败楚军，攻入楚国郢都。其时，楚平王已死。伍子胥掘楚平王墓，鞭尸三百，以报父兄之仇。吴国用武子胥、孙武之谋，两破强楚，南服越国，北威齐、晋，成为诸侯一霸。

阖闾十九年（前496），阖闾乘越国举丧，出兵伐越，败于姑苏，受伤而亡。太子夫差立。夫差二年（前494），兴师伐越，在夫椒（今江苏省吴县西南）大败越师，越国请和。

伍子胥主张乘胜灭越，以绝后患。太宰嚭主和。吴王拒绝伍子胥的主张，采纳了太宰嚭的意见，与越国议和休战。伍子胥叹息说："越国经过十年生聚，十年教训，二十年后，吴国的宫室恐怕要成为池沼了！"

夫差七年（前489），吴国伐齐。伍子胥以为越国是吴国的大患，如果吴国对齐用兵，越国就会坐收渔利。吴王拒绝伍子胥先除越患的建议，在艾陵大败齐师。从此吴王疏远伍子胥，不采纳其计谋。

夫差十一年（前485），吴王再次出兵伐齐，并与越国结成联军。伍子胥劝谏夫差，建议放弃伐齐，先伐越，不然将后悔莫及。夫差又一次拒绝了伍子胥的建议，派伍子胥出使齐国。太宰嚭进谗，说伍子胥自以为是先王的谋臣，不被重用，心怀怨恨，倚托齐国企图反吴。吴王听信谗言，派人送去"属镂"宝剑，要伍子胥自杀。伍子胥自杀之前，对其门客说："我死之后，请把我的眼睛挖出来置于东门之上，我要看着越国灭吴。"他死后9年，吴国果然被越所灭。

老子（约前571~前471） 姓李，名耳，字伯阳，谥号聃。春秋末期楚国苦县厉乡曲仁里（有专家考证，同址于各主要历史时期典籍、碑刻中记载的陈国相县、宋国相县和楚国相县等地名），即今涡阳县郑店村人，是先秦时期著名的思想家、哲学家、道家学派创始人。

老子的生平事迹，史书记载不多，详情难述。司马迁只写了个合传，即《史记·老子韩非子列传》，记载老子不足500字，语焉不详，过于简略。此外，在《左传》《孔子世家》

《庄子》《列子》《韩非子》和《吕氏春秋》中尚有片段和点滴记述。据史书记载,老子童年生活在谷水岸边,少年拜师于商容,老子的人品、思想和学识渐长。约公元前551年,老子被周王室选任守藏室史(亦称"柱下史")。此间,他潜心研究各类经典,博览群书,通古好今,声誉渐高,成为一名精通周礼理论和制度的学者。约公元前535年,周室衰微,诸侯争霸,内乱迭起。老子记事不遂甘简公之意,被免去史官之职。出游鲁国期间,孔子曾师从老子。公元前530年,甘平公执政,老子被召回守藏室。由于他学识渊博,几年后孔子适周,再次向老子问礼,老子良言教诲,令孔子印象深刻。公元前520年,周王室内乱再起,王子朝携大批典籍逃奔楚国。老子蒙受失职之责,再次被免去守藏室史之职,回到阔别已久的故乡宋国相县。在乡邻中,通过最底层的劳动生活,老子的思想发生了深刻变化,开始与周礼决裂。此时,孔子带着子路等弟子来相县见老子,两人为大道与仁义发生了争议,分歧较大。十年后,孔子再访。这时,老子经过探索新的治世方法和宇宙本源,已逐步形成了道法自然、以无为本、有无统一的世界观。老子向孔子系统地阐述了天地万物生成变化之根本大道的宏论,孔子深受震撼,后来对弟子

老子像

说:"我知道鸟善飞可用箭射获,鱼善游可用钩钓取,兽善奔可用网缚捉,但不知龙能乘云上天。老子的学问道德莫非像一条飞龙?"

老子晚年,诸侯征战更加频繁,他完全失望了,便西游秦国。至函谷关时,为关令尹喜挽留,经尹喜再三劝说,他用了几个月的时间,对自己毕生的道学观点进行总结,写出五千言《道德经》。从此,该书成为道家学派及道教的经典著作。《道德经》文约辞要,博大精深,哲理宏富,意境高妙,全书分上、下两篇,上为《道篇》37章,下为《德篇》44章。《道德经》围绕道这一核心对宇宙的起源、世界的存在方式、事物运动和发展的普遍规律以及人类社会的种种矛盾和解决方式等重大问题,都做出大量精辟、概括的论述。老子认为"道"是宇宙万物的本体和总根源,"道"生化万物,提出"道生一、一生二、二生三、三生万物"和"人法地、地法天、天法道、道法自然"是万物的自然法则的观点,开创了中国哲学的本体论,认为"有无相生,难易相成",刚柔、强弱、祸福、善妖、大小、进退对立统一,相互转化,充分表达了朴素的辩证法思想,开创了我国古代哲学思想的先河。《道德经》是我国第一部系统揭示事物相反相成、相互依存和转化的辩证法的著作,堪称"哲理诗"和"万经之王",高踞于世界哲学之林,为人类文化的瑰宝,对我国历代的哲学、政治、经济、军事、文学、养生、医学等诸多领域产生了深刻而又巨大的影响。

老子首创道学,是无与伦比的一代哲人。他有极大的智慧,识穷宇宙,道贯人天,启华夏之绝学,立万世之道范,声望与黄帝齐同。东汉尊老子为至极,唐朝奉之为始祖,宋真宗册封其为"太上老君混元上德皇帝",道教尊之为始祖、太上老君。老子的《道德经》,先由尹喜保留,传诸后代,至庄子时,《道德经》的观点方得到流传。老子出关入秦后,隐居于扶风一带,死后葬于槐里,其墓尚在。

范蠡和西施 范蠡系春秋末年政治家、思想家,楚国宛人。初与宛令文种友善,随种入越,事越王允常。越王勾践继位,用以为谋臣,后为大夫,擢上将军。公元前494年,越被吴打败。身为上将军的范蠡献计越王,卑身厚赂,乞成于吴,忍痛割爱将自己心上的美人西施献与吴王,自己也至吴为质。归国后,他与大夫文种协力图强,埋头备战,终于一举灭吴。灭吴后,他功成身退,偕西施浮海到齐,受任为齐相。后又弃官散财,间行至陶,号陶朱公。晚年归隐定居范蠡村(今涡阳县西阳镇境内),死后与西施合葬在西河畔的峨眉山上。

西施原名施夷光,出生于春秋末越国苎萝。西施天生丽质,禀赋绝伦。越王勾践三年(前494),夫差在夫椒击败越国,越王勾践退守会稽山(今浙江省绍兴南),受吴军围攻,被迫向吴国求和,勾践入吴为质。释归后,勾践针对吴王

"淫而好色"的弱点,与范蠡设计,"得诸暨罗山卖薪女西施、郑旦",进献吴王。吴王夫差大喜,在姑苏建造春宵宫,筑大池,池中设青龙舟,日与西施为水戏,又为西施建造了表演歌舞和欢宴的馆娃阁、灵馆等,西施擅长跳"响屐舞",夫差又专门为她筑"响屐廊",用数以百计的大缸,上铺木板,西施穿木屐起舞,裙系小铃,铃声和大缸的回响声"铮铮嗒嗒"交织在一起,使夫差如醉如痴。夫差沉湎女色,不理朝政,终于走上亡国丧生的道路。

诗人肖草《西施》一诗云:"穿越时渠追春秋,浣纱溪槌孤蓑舟。烟弥越土俯臣服,媚送吴夫终雪仇。"该诗生动地描写了春秋时期吴、越两国交战的情况和西施忍辱负重、以身许国的高尚情操。传说,吴灭后范蠡便挂印而去,带着西施泛舟五湖,归隐于今天的涡阳。

尹喜 字公度,春秋末期人。曾为函谷关吏,故亦称"关尹"。死后,后人将其遗骸葬于涡阳天静宫东四里。尹喜自幼聪慧好学,尤善天文。他道德高尚,不求做官显名,喜好茂林幽谷。《吕氏春秋·不二》称"关尹贵清"。《庄子·天下》把他和老子并列,称为"古之博大真人"。他主张"在己无居,形物自著","未尝先人而常随人"。《汉书·艺文志》著录《关尹子》九篇。据传,一日,尹喜在函谷关观测天象,见紫气东来几万里,前有青牛星牵引,知有大圣人从此经过,便日日守望。不久,果然有一神姿超绝的老人骑着青牛要过关。尹喜便出关恭迎,恳请老人留住关中。这位老人便是老子,他数试尹喜后,知其非凡人,悟性极高,便答应留下。当

天，尹喜便行了弟子之礼。自此，尹喜日日问道于老子，大至
天地之情，中及国家兴亡，小到修身处世。而这一切，都离不
开一个终极主题，那就是"道"。在此期间，老子亦将其道学
观点，总结成了五千言（即《道德经》）留给了尹喜。老子离
开函谷关后，尹喜闭门谢客，精思道法，逐渐领会了老子书中
关于"人法地，地法天，天法道，道法自然"的一整套恢宏
深邃的宇宙观和人生观，并根据自己的体会写了《关尹子》
九篇，传给后人。鉴于尹喜对老子的敬仰，后人曾在函谷关上
写下一副对联："未许田文轻策马，但愿老子再骑牛"。①

庄子（前369~前286） 名周，字子休，宋国蒙（今蒙
城县）人，战国时期伟大的哲学家、思想家、文学家。

庄子曾做过管理漆园的小吏，时间很短就辞官了，从此终
身不仕。他甘于贫困，一生潦倒，曾住在陋巷里以织草鞋为
生。但他追求自由，性格倔强，蔑视权贵，不慕荣利。楚威王
知道他贤能，便遣使厚币聘他为相，他断然拒绝。他一生最大
的成就是著成《庄子》一书。

庄子是先秦道家思想的集大成者。他的思想广博，在我国
思想史上占有重要的地位。庄子认为天是自然界即客观世界，
道是世界的本根，决定天地万物的存在与发展。庄子认为自然
界的事物都是相对的，主张齐万物，齐是非。庄子政治上主张
顺应自然"无为而治"，反对统治者"乱为"。庄子的思想对
后世影响深远，我国古代不少知识分子都不同程度地受到庄子

---

① 田文，战国时齐国贵族，号孟尝君，曾为齐国相，门下食客数千。

"遗世独立"人格精神的影响。庄子"无为而治"的政治主张,对构建社会主义和谐社会,具有某些借鉴意义。

《庄子》又名《南华真经》,现存33篇,分为内篇7篇,外篇15篇,杂篇11篇。《庄子》的文学成就极高,对后世的影响非常深远。鲁迅先生认为晚周诸子之作,没有能超过《庄子》的。郭沫若先生认为,自秦汉以来的中国文学史,大多是在《庄子》影响下发展的。我国历代的文章大家,很多都从《庄子》中受到过启发,吸取过营养。

张良(?~前186) 字子房,城父(今亳州市城父镇)人,汉初大臣,汉初三杰之一。张良的祖父和父亲相继为韩国昭侯、宣惠王等五世之相,秦灭韩后,张良出于国仇家恨,图谋复韩。他结交义士刺客,在博浪沙(今河南省原阳县东南)狙击秦始皇,失败后便更名改姓,避难下邳(今江苏省睢宁县北)。

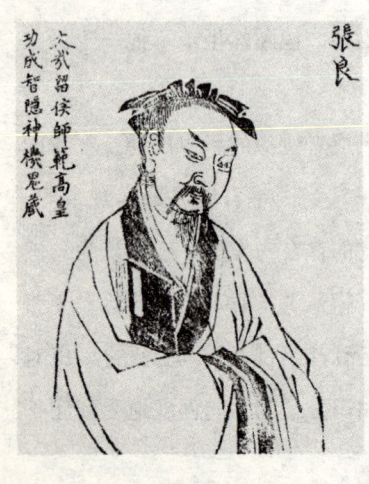

张良从博浪沙行刺失败中吸取教训,认识到政治上采取刺杀手段难成大事。于是他从此熟读兵书,精研韬略,等待时机,以展大志。据《史记》载,张良在下邳遇黄石公,由于他不耻求师的虔诚态度,得传《太公兵法》,这对他以后的政治军事成就起到了重要作用。

张良

秦末农民战争爆发后，张良聚众投奔刘邦。但他仍不忘复韩，不久离开刘邦，游说项梁立韩国贵族为韩王，他任司徒，后韩王为项羽所杀，张良复投刘邦。这是张良在政治上走的一段弯路。不过这一事实告诉张良：复韩是没有希望的。此后，他忠心效命刘邦，成为刘邦的重要谋士。

由于张良的出谋划策，刘邦迅速在农民战争中壮大势力。在楚汉相争期间，张良提出不立六国之后；联结英布、彭越，集中打击项羽；任人唯才，重用韩信；确定攻取秦都的进军路线；汉军攻入咸阳时，劝阻刘邦入居秦宫，严禁汉军掠取宫宝；汉军屯驻汉中；楚君败退时，主张追击项羽，彻底歼灭之。张良的这些主张，均被刘邦采纳，为刘邦在政治上赢得人心、在军事上节节胜利，乃至平定天下、建立汉朝大业，起到关键作用。

在创立汉业的战争时期，张良以其深谋远虑、精通战略，成为刘邦的心腹军师。刘邦建立汉朝后，封张良为留侯，对这位开国元勋给予殊荣，曾高度评价他的军事才能和功绩："运筹帷幄之中，决胜千里之外，子房功也"。

汉朝建立后，张良经常称病居家，不大过问朝政。后病故，算是得以"善终"。张良传记记载于《史记·留侯世家》和《汉书·张良传》。

花木兰 魏氏女，西汉谯县（今亳州市谯城区）城东魏村人。又名花弧，后因称花木兰。其父名应，乃汉初材官骑士。木兰秉承父志，自幼习武，尤工剑术。

汉文帝前元十四年（前166），匈奴老上单于大举入塞。

文帝大征天下民以御。木兰父当往而年已耄羸,弟尚年幼,木
兰悯其老父,即洗铅粉,脱梳珥,变戎服,贯甲胄,替父从
征。朝辞魏家村,暮宿黄河浃;昔日闺中月,今照汉家营;溅
溅黄河水,断续父母声。翌日,渡黄河,赴燕山,驰奔沙场。
塞旗斩将,攻城略地,所向披靡,莫有当其锋者。单于旋退。
木兰初为戍卒,以功为小校,后晋升为将军,戍守燕山之曲
逆。

汉文帝后元六年(前158),匈奴再度入侵,以倾国之兵,
分东、西两个战场,很快占据上郡、云中两郡,杀掠无计,烽
火通于甘泉、长安。文帝遣诸将分屯飞狐口、句泣山、北地及
长安附近的灞上、荆门、细柳等要地,并亲自劳军。木兰先在
东线,后转西线,在"平沙没马足,朔风裂人肤"的北疆沙场
上,"驰马赴军幕,慷慨携干将。朝屯雪山下,暮宿青海旁"。
汉军东击匈奴,西败羌胡,迫使匈奴退居塞外,求和以存。

木兰从军凡12年,屡立殊勋,人终不知其为女子。后凯
还,天子嘉其功,除尚书郎,不受,恳奏省亲。及拥军还谯,
释戎衣,服巾帼,同行者皆骇之。木兰事亲终身,死后葬于故
里。木兰墓位于亳州城东魏村北,冢丘高大,至今犹存。墓畔
苍松环护,翠竹成林,春牡丹,夏芍药,秋菊,冬梅,四季飘
香。乡人立祠,每年四月初八生日致祭,谓木兰祠。

木兰戍边之地曲逆,即今河北省顺平县(前名完县)。该
地人民为感谢木兰的恩德,从汉代起,就为其立庙建祠,历经
各代,香烟不绝。和木兰家乡一样,每年四月初八(木兰生
日)逢香火庙会,至今尤胜。

唐朝乾封元年（666），木兰被追封为孝烈将军。之后，各地木兰祠多易名为"孝烈将军祠"。颂扬木兰的民歌汉代已有之，谓《木兰词》，传至南北朝，陈代僧人智匠将其收入他所编辑的《古今乐录》，易名为《木兰辞》，今多作《木兰诗》。

颂扬木兰的历代诗词，数不胜数，著名的有唐代韦元甫的《木兰歌》、杜牧的《题木兰庙》、白居易的《题木兰花》，明代何出光的《木兰词赛神曲》、吴姚奎的《木兰歌》，等。祠祀木兰的庙宇遍布神州，较为远古而著名的有安徽亳州木兰祠、河北完县（今顺平县）木兰祠、河南虞城县木兰祠、湖北黄陂木兰祠、陕西延安万花山木兰祠等。木兰的生平事迹，历代《亳州志》有记载，《完县志》有记载，《颖州府志》《凤阳府志》《保定府志》《大明一统志》《大清一统志》《古今图书集成》《燕山丛录》均有记载。

曹腾 生卒年不详。沛国谯（今亳州市谯城区）人，字季兴，东汉著名的宦官。东汉安帝时，他入宫为宦官。邓太后认为他年轻、温顺、忠厚，选他陪伴太子（顺帝刘保）在东宫读书。由于他为人恭谨，很受太子的喜爱。顺帝即位后，他升任中常侍。顺帝死后，冲帝、质帝先后以童年即位。质帝被大将军梁冀毒死，梁太后与梁冀迎立桓帝。曹腾因参与决策有功，被封为费亭侯，任大长秋，加特近。

曹腾在宫中30余年，一直忠于职守，而且推荐贤能。经他举荐而位至公卿者多人。

有一次，蜀郡太守借计吏入京的机会，给曹腾带去书信和礼品，被益州刺史种嵩搜查到，上奏朝廷，弹劾蜀郡太守和曹腾。桓帝刘志说："书信从外来，曹腾并没有发出书信，不是曹腾的罪过。"曹腾对种嵩不但不介意，反而还常常称赞他，说他是一位有才能的官吏，能掌握为臣的法度，使种嵩不断升迁，位至司徒。曹腾死后，子嵩袭爵为侯。魏明帝太和三年（229），追尊曹腾为高皇帝。曹腾墓在今亳州市区魏武大道中段。《三国志·武帝纪》注和《后汉书》均载有《曹腾传》。

曹嵩（？~194） 字巨高，沛国谯（今亳州市谯城区）人，曹腾养子，曹操生父。曹嵩生性敦慎，为司隶校尉。灵帝擢拜大司农、大鸿胪，代崔烈为太尉。兴平元年（194），曹嵩去官后还谯，因"董卓之乱，避难琅邪，为陶谦所害"。（一说被陶谦部将张闿所害）魏黄初元年（220），追尊曹嵩为太皇帝。曹嵩墓在今亳州市区魏武大道中段。

华佗（？~208） 名旉，字元化，沛国谯（今亳州市谯城区）人，东汉末杰出的医学家，时人尊为"神医"。

华佗少年时代，耳闻目睹东汉王朝的政治腐败，战祸连年、病疫流行，百姓陷于水深火热之中，便绝念仕途，决心以医济世。以后沛相陈珪、太尉黄琬先后荐他为官，他都谢绝了。他精研岐黄，行医民间，足迹遍及黄、淮各地，远至广陵（今江苏扬州）、山阳（今山东金乡县西北）、许都（今河南许昌）等地，深受民众爱戴。

华佗在医学、医术、医药上造诣精深，有多方面的成就，对内、外、妇、儿、五官、针灸各科无不精通，对外科尤为擅长。他创用麻沸散，给患者全身麻醉后，做腹部大手术。他是世界医史上最早应用全身麻醉进行手术治疗的人，比西方国家早1600多年。

华佗重视疾病的预防，强调防病之本是锻炼身体。他认为："人体欲得劳动，但不当使极耳。动摇则谷气得消，血脉流通，病不得生，譬如户枢终不朽也。"他模仿虎、鹿、熊、猿、鸟的动作和姿态，创造"五禽之戏"。由于他精通健身养性之术，所以年且百岁，而貌有壮容。华佗的弟子吴普演练五禽戏，"年九十余，耳目聪明，牙齿完坚"。五禽戏既健身又治病，对世界运动医学产生深刻影响，被誉为中国医学对世界人民的重大贡献。

华佗主张有教无类，凡学者必教之，凡教之无隐藏，他授徒众多，这使其医学成就得以传世。在门徒中，以吴普、樊阿、李当之三人为佼佼者。吴普编有《华佗药方》，著有《吴普本草》，且向后人传授五禽戏；樊阿继承和发扬了华佗的针灸术；李当之有《李当之切录》《李当之本草经》等，对华佗药物学颇有研究。

华佗医术高明，医德高尚。他不阿权贵，视名利如浮云；心在民众，志在为民除疾。曹操与华佗本是同乡，华佗曾多次为曹操治头疼病，每治皆愈，但难除根。曹操便强留华佗做其侍医。华佗不从，借故还乡。曹操一怒之下，把华佗捕入狱中。华佗意识到自己再也不能行医民间，便将自己编著的医学书稿转托狱吏，说"此书可以活人"，但狱吏不敢接受。华佗在极度悲愤中烧掉书稿，造成我国医学史上无法弥补的重大损失。华佗死后，其医学理论和临床技术，多由吴普、樊阿等人继承、流传下来。

华佗的传记载于《三国志·魏书》和《后汉书》。今亳州市华祖庵中陈列有中国科学院颜天明写的《华佗乡土别传》。

夏侯渊（？~219）　字妙才，沛国谯（今亳州市谯城区）人，其夫人为曹操之妻妹。曹操在家乡受某一案件的牵连，夏侯渊代其承担。后曹操又设法营救，夏侯渊才得以免祸。

夏侯渊跟随曹操起兵，作战勇猛，曾任别部司马、骑都尉，后升任陈留、颍川太守。建安五年（200），夏侯渊为督军校尉。建安六年（201），夏侯渊和张辽奉命率军出战，击降昌豨，以功拜典军校尉。建安十六年（211），从曹操西征韩遂、马超。同年十二月，曹操引军东还，留夏侯渊督朱灵、路招等镇守长安。他击败盘踞终南山的刘雄，收降其众，又攻破鄠县（今陕西户县），斩杀马超余党。以平定关中之功，封博昌亭侯。建安十八年（213），马超率羌胡之众，攻陷冀城（今甘肃天水市西北）。夏侯渊率军救冀城，迎战马超失利，驻屯兴国。次年，马超围祁山，夏侯渊出其不意，大败马超，尽收其兵马器械，并收复陇上诸县。接着，夏侯渊进军显亲（今甘肃秦安县），大败韩遂，占据洛阳。建安十九年（214），夏侯渊率军攻克袍罕（今甘肃临夏东北），斩杀宋建。之后，派张郃渡过黄河，进入小湟中（今青海东北湟水两岸之地），降服河西诸羌，平定陇右。为此，曹操下令褒奖，称夏侯渊像老虎那样横行关右，所向无敌。

曹操平定张鲁之后，以夏侯渊为征西将军，令其镇守汉中。建安二十三年（218），刘备进驻阳平关，夏侯渊与刘备相拒逾年。次年春，刘备南渡沔水，结营定军山。夏侯渊率军来攻，刘备令黄忠居高临下，奋勇冲杀。夏侯渊大败，本人亦为黄忠所杀。《夏侯渊传》载于《三国志》。

曹操（155~220） 字孟德，我国著名的政治家、军事家和文学家。曹操祖父曹腾，是东汉地位显赫的官宦。父曹嵩，官至太尉。曹操自幼机警，既长，喜结交名士。20岁时，受州郡举荐，以"孝廉"为"郎"，授洛阳北部尉。在任期间，造五色棒悬于尉廨门上，有犯禁者，不论地位高低，皆棒杀之。后迁顿丘令，征拜议郎。汉光和七年（184），改任骑都尉，随皇甫嵩镇压颍州黄巾军，迁为济南相。汉中平六年（189），曹操与袁绍讨伐董卓，在荥阳汴水一带为董卓所败。汉初平元年（190），赴濮阳镇压黑山农民义军，被袁绍推为东郡太守。汉初平三年（192），曹操进军兖州镇压青州黄巾军，领兖州牧，先后收降黄巾军30万，把其中精锐者编为青州兵，成为他以后逐鹿中原的主力军。曹操扩充军力之后，连续征伐陶谦、吕布，皆捷。后于汉建安元年（196），迎汉献帝都许县，封为大将军、武平侯。从此，曹操大权在握，号令四方，灭吕布，破袁绍，征乌桓，统一中国北方。汉建安十三年（208），曹操亲率军大举南下，与孙权、刘备大战于赤壁（今湖北省蒲圻县境内），曹军大败。汉建安十六年（211），曹操击败马超、韩遂，夺取关、陇（今甘肃省一带）。后南攻孙权，但四越巢湖不成，形成南北对峙的局面。这时，曹操由汉中进攻刘备亦告失利，统一中国的壮志终未实现。汉建安十八年（213），曹操晋为魏公；二十一年（216），晋封为魏王；

二十五年（220），曹操病死于洛阳。其子曹丕代汉建魏后，追尊他为魏武帝。曹操自举孝廉离谯至死，40多年内曾7次返回故乡。第一次在汉光和二年（179），当时他免官归里，纳卞氏为妾。第二次是汉中平四年（187），他称病返乡，于城东50里处筑精舍，春夏读书，秋冬狩猎。虽为退隐避祸，实则伺机再起。第三次是汉初平元年（190），他讨伐董卓败而奔谯，招兵聚粮，以图再起。第四次在汉建安七年（202），破袁绍凯旋，在谯颁布《军谯令》。汉建安十四年（209）第五次至谯，作轻舟，治水军，打算再次南征。是年十二月，他再次赴谯指挥镇压陈兰起义，这是他第六次返故乡。第七次返故乡是在汉建安二十一年（216），当时曹操62岁。曹操曾从故乡带走九酝春酒的制作方法进献汉献帝，使谯地所产之酒从此闻名，且历代不衰，成为古井贡酒的渊源。曹操重视农业生产的发展，他认为"定国之术，在于强兵足食"。东汉末，北方各地战乱频起，农业凋敝。

曹操当政期间，先于许县一带募民屯田，继之又于所属州郡设置田官，兴修水利，后又令各地驻军开办军屯。曹操推行的一系列发展和恢复农业生产的政策，对促进北部中国经济发展起到了积极的作用。

曹操在政治上比较开明。他主张抑制豪强，铲除地方割据势力，加强中央集权。他坚持唯才是举的用人路线，在选拔人才方面，认为不必"廉士而后用"，因为"有行之士，未必能进取；进取之士，未必能有为也"。他主张，对那些治国用兵的人才，不要只看到其"偏短"，更不必计较"污辱之名，见笑之行，或不仁不孝"，皆可重用。他力主打破世族门第观念，注意从闾巷之中发现人才，只要有治国用兵的方略，不论出身如何，都应论功启用。这样，在他周围就集聚了一批如荀彧、郭嘉那样具有文韬武略的地主阶级中下层有才之士，对他统一中国北方起到了重大的作用。

曹操精于诗文。《三国志·魏书》说他"御事三十余年，手不舍书。昼则讲武略，夜则思经传。登高必赋，及造新诗，被之管弦，皆成乐章"。他与子曹丕、曹植皆为当时文坛上的风云人物。在曹氏父子大力倡导下，我国文学进入另一个辉煌期——建安文学时期，这个时期所形成的"建安风骨"，在我国文学史上开一代文风。曹操的诗多采用乐府古题，对汉乐府的优良传统既有继承，又有创新。其名篇《蒿里行》《观沧海》等，气势雄伟，慷慨悲凉，至今为世所传诵。他的散文风格清俊，善以质朴刚健的语言直抒胸臆，无雕饰浮华之弊，鲁迅称他为"改造文章的祖师"。其代表作有《让县自明本志令》等。曹操的遗著有《魏武帝集》。新中国成立后，中华书局辑校有《曹操集》。1979年，亳县组织人力编写了《曹操集译注》（中华书局出版）。曹操传《武帝纪》载于《三国志·魏书》。

曹丕（187~226） 字子桓，曹操次子，三国时魏王朝的创建者。

丕少时好弓马，诵诗、论。及长，熟读"四书""五经"《史记》《汉书》，诸子百家之言，无不毕览。他生于战乱年代，青年时便随父征战。汉建安十六年（211），任五宫中郎将、副丞相。在兄弟20余人中,曹丕文才不如曹植,智慧不如曹冲,骁壮不如曹彰,但他志高意远,善于笼络人心,讨好曹操,且处世谨慎,为左右敬重,终于在汉建安二十二年(217),被曹操立为嗣。曹操死后,丕袭魏王、丞相。

延康元年(220),曹丕代汉称帝,为魏文帝,都洛阳。他一生注重政治和文学。在政治上,曹丕比较保守,用人上不再"唯才是举"。他推行九品中正制,确立、巩固士族门阀的特权,形成"上品无寒门,下品无世族"的官僚体制。为实现南北统一,他曾两次出兵伐吴,一次在黄初五年(224),因江水盛涨,未能如愿;一次在黄初六年(225),因天寒结冰,舟师不可入江,只好作罢。曹丕在给王朗的信中称:"人生有七尺之形,死为一棺之土,惟立德扬名,可以不朽,其次莫如著篇籍。"曹丕在文学上著作甚丰,成就卓著,是建安文学的积极创作者和热心倡导者。他的《典论·论文》,是我国现存的第一部文学评论专著。他把文体分为"奏议""书论""铭诔""诗赋"四类,分别提出宜雅、宜理、尚实、欲丽四种要求,为文学评论树立准则,对我国文学评论的发展很有贡献。曹丕写过很多诗赋,现存辞赋30篇,诗40余首。其诗、赋在形式上受民歌影响,语言通俗,描写细腻,代表作《燕歌行》二首,是我国现存的最早的七言诗,对七言诗的形成有重要贡献。曹丕的著作,明人辑有《魏文帝集》,近人黄节著有《魏文帝诗注》。曹丕与故乡谯县的关系十分密切。他生于谯县,视故乡为"龙兴之地",称帝后改谯县为陪都,使谯县辖区扩大,人口增多,生产恢复。他称帝不久,即率军入谯,设宴"大飨六军及谯父老百姓于邑东",并下令立"大飨之碑",蠲免故乡百姓田租,徙民屯田于谯,对故乡谯县的发展做出很大贡献。曹丕传《文帝纪》见《三国志·魏书》。

曹植(192~232) 字子建,三国时杰出的诗人。曹操第三子,封陈王,谥思,世称陈思王,是曹氏兄弟中文才最高者。曹植少年时聪颖机敏,10多岁即可写作诗文。邺城铜雀台新成,曹操命诸子登台作赋,曹植援笔立成,曹操异之。所以在众兄弟中,备受曹操宠爱,几度欲立为嗣君。但由于曹植清高孤傲、行为放任、饮酒无度,且违反规禁,招致曹操不满,最终导致曹操震怒,遂绝立他为嗣之念。汉建安十六年(211),封平原侯;建安十九年(214),改为临淄侯。曹丕称帝后,曹植备受猜忌和迫害,屡被贬爵和改换封地。曹丕几度欲杀曹植,据说曾逼曹植七步成诗,结果逼出传世佳作《七步诗》。曹丕死后,其子曹叡即位,对曹植依旧猜忌、冷漠。曹植长期忧郁,年40岁而逝。

曹植是建安文学的主要作家之一。他前期的一些作品从汉乐府民歌中汲取营养,反映社会动乱和人民流离失所的痛苦,表达出作者的理想抱负。诗的基调开朗豪迈,辞情慷慨,俊逸刚健,如《送应氏》《白马篇》等。后期的作品多反映自己受压抑的苦闷心情,有些诗掺杂着较浓厚的悲观、厌世乃至绝望的思想,笔调灰暗阴沉。曹植的诗善用比兴手法,语言精练,词采华茂,代表了建安诗歌的成就,对五言诗的发展有重大影响。曹植也善辞赋和散文,其《洛神赋》文情兼美,且富于神话色彩,是建安时期抒情赋的代表作。其散文《求自试表》，结构严谨，文笔流畅，亦为传世名篇。曹植的著作，宋代辑有《曹子建文集》，近人黄节撰有《曹子建诗注》。曹植传载于《三国志》本传。

曹冲（196~208） 字仓舒，沛国谯（今亳州市谯城区）人，曹操最小的儿子，为环夫人所生，以少年奇志称著于史。

曹冲五六岁时，孙权送给曹操一只大象，曹操想知道象的重量。"访之群下，咸莫能出其理"。曹冲想出一条"刻舟校象"的妙计。他说："置大象船上，而刻其水痕所至，称物以载之，则校可知矣。"曹冲的聪明机智令曹操和群臣惊讶。

当时，天下战乱，军国多事，曹操治军，刑罚严苛。吏卒违律当"罪戮者"，凡求曹冲者，冲即"微所辩理"，为之减免刑罚。"赖以济宥者，先后有数十人之多"。曹冲年幼大智，仁爱识达，深受其父宠爱。曹操"数对群臣称述，有欲传后之意"。

建安十三年（208），13岁的曹冲突患急症，无人能医而早亡。曹冲死后，曹操悲痛欲绝。曹丕去劝慰曹操时，曹操怒曰："此我之不幸，而汝曹之幸也。"曹丕此后多次说："若仓舒在，我亦无天下"。曹冲的传记载于《三国志》本传。

嵇康（223~263） 字叔夜，"竹林七贤"之一。其祖先姓奚，会稽上虞（今浙江省上虞县）人，因避怨，徙居于谯国铚县嵇山之侧（今涡阳县石弓镇），遂姓嵇。三国魏黄初四年（223），嵇康出生在嵇山下。父亲嵇昭担任曹魏督军粮治书侍御使之职，但嵇康出生不久，父亲就去世了。他是在母亲和哥哥嵇喜的抚育下长大成人的。由于严父早逝，无人管束，加上母兄娇惯,嵇康从小养成桀骜不驯、尚奇任侠的性格。他常常以清高脱俗自居,又"学不师授,博览无不该通",通过自学和博览群书,获得了丰富的历史文化知识。

据史料记载,嵇康"家世儒学,少有俊才,旷迈不群,高亮任性"。风度才学俱佳,身高七尺八寸,雄伟魁梧,龙章风姿,加上文思敏捷,才华横溢,不仅善鼓琴、工书画,而且诗文俱佳。因此,受到众多青年学子的倾慕。他因《游山九吟》等诗作受到曹魏皇室的赏识,被封为浔阳长,不久又升任中散大夫,娶得魏文帝异母兄弟穆王曹林之女长乐亭公主为妻,故世称嵇中散。

嵇康素来崇尚老庄,称"老子、庄周吾之师也",尤好道家导气养性之说,讲求养生服食之道。他认为人应该像天地自然之气一样,无拘无束,周流六虚。他向往庄子所设想的"至人"境界:"以道德为师友,玩阴阳之变化,得长生之永久,任自然以托身,并天地而不朽者。"因在现实生活中找不到这种自由境界,他便选择了隐居的生活。与他同时隐居的还有阮籍、山涛、王戎、向秀、刘伶、阮咸6人。因他们常作竹林之游,故被称为"竹林七贤"。他们每个人都有一些惊世骇俗、放浪形骸的奇异举止,或不拘礼法,不愿入仕;或谈玄论道,嗜酒如命;或脱衣裸形,与猪共饮。他们个个放情肆志,在社会上影响很大。嵇康是以强烈反对名教思想而著称于世的。在高平陵政变后,他亲眼目睹司马氏杀害异己,先废除了曹芳的帝位,又杀死了小皇帝曹髦,篡夺了曹魏政权。司马氏所为既不忠又不义,却高高树起名教治国的大旗,并以纲常名教作为杀害异己的借口。面对如此严酷的现实,嵇康勇敢地举起了公开反对名教的大旗。他以老庄的"自然"之说与之对论,言辞激烈,毫无顾忌。嵇康本为曹氏姻戚遂为司马氏所怨恨,他又明目张胆地反对名教,更为司马氏所不容,因而埋下了杀身的祸根。魏景元三年(262)十月,司马昭借故颁旨处斩嵇康,嵇康年方四十。刑前,有三千太学生前去认师,请求赦免嵇康,司马昭不许,嵇康也不欲腼颜求活,遂被害于洛阳东市刑场。刑场上,嵇康索琴弹了一曲《广陵散》,叹道"广陵散于今绝矣",说罢从容就刑。嵇康死后葬于今涡阳县嵇山上,其墓依山凿石而建,巨石封门,上覆山土,墓在山腹中,今尚存。嵇康生前曾在嵇山建筑茅舍,隐居读书锻铁,为了纪念这位秉性刚直、敢于说真话而被冤杀的先哲,清乾隆三十一年(1766),蒙城知县淡如水于嵇山之上建"嵇康亭",后毁。1984年,蒙城县政府拨款重建,著名书法家舒同题写了亭名。

嵇康的文学创作主要是诗歌和散文。诗今存50余首,以四言体为多。嵇康的著作,《隋书·经籍志》著录有集13卷。鲁迅先生从1913年9月至1931年11月,用了18年的时间编辑了一部完整的《嵇康集》,1938年收入《鲁迅全集》第9卷中。

李绅(772~846) 字公垂,唐代著名诗人。李绅出身仕宦世家，其曾祖李敬玄任过吏部尚书，祖父李守一和父亲李晤任过县令。李绅自幼丧父，身材矮小却天资聪颖，因诗出名，时人称"短李"。李绅25岁西游长安，结识大诗人元稹、白居易。唐元和元年（806），李绅考中进士，补国子助教。翌年南下金陵，在镇海节度使李锜部下任书记。李锜恃兵权而谋反，让李绅为之起草文告，李绅断然拒绝，于是被囚狱中。元和三年（808），第二次入京，授校书郎，专心攻诗，创作新题乐府诗。后赴外地任山南观察判官近十年。元和十四年（819），李绅受诏回长安，授右拾遗。穆宗即位后，授翰林学士知制诰，以后历任御史中丞、户部侍郎。因受李逢吉陷害，李绅与韩愈同时被罢官，先后被贬为端州司马、江州长史、滁州刺史、寿州刺史、浙东观察史。开成初年，升任河南尹、宣武节度使。武宗时得到重用，先拜相，后出任淮南节度使。会昌六年（846）病卒。

　　李绅一生在政治上道路曲折，历尽风险。宦海沉浮，使他阅历大增，思想接近社会实际，为其创作诗歌甚有补益。早在元和四年（809）李绅就写有《新题乐府二十首》，白居易又扩充至50首，并改名《新乐府》。他与元稹、白居易交往甚密，对元、白创作亦有影响。《全唐诗》录有李绅《追昔游诗》3卷、《杂诗》1卷。《追昔游诗》是他60多岁编写的，内容主要是追述平生的遭遇和经历。他早年的诗作较出名，其中《悯农》两首思想性很强，并广为流传。其中"四海无闲田，农夫犹饿死"，成为后世传诵的佳句。另有《莺莺歌》，笔调细腻，委婉感人，保存于《西厢记诸宫调》中。李绅传

李绅《悯农》诗意画

载于《新唐书》和《旧唐书》。

陈抟（892~989）　字图南，号扶摇子，今亳州城南陈庄人，我国著名的易学家。少时广泛涉猎经史百家著作，一见成诵，悉无遗忘，以诗文闻于乡里。年既长，拜谒老子祠，钻研老庄之学。唐长兴年间，举进士不第，遂不再求仕禄，以山水为乐，入武当山学道。后晋天福年间西到四川，云游于邛峨、青城、峨眉诸山，驻足于崇龛（今四川省安岳县）。其间，从何昌一学习锁鼻术（睡功），受《易》于麻衣道者。及受《河图》《洛书》，发《易》之真谛，皆为汉晋诸儒所不及。后汉末，移居华山云台观，又止少华石室。每寝处，常多日不起。后周显德二年（955），诏至阙下，授右拾遗，不就。周世宗好黄白之术，向他请教，他说："陛下为四海之主，当以政治为念，奈何留意黄白之事乎？"

陈抟

陈抟原有远大的政治抱负，虽久居山林，淡泊明志，却怀抱经世之才。五代之际，每闻改朝换代，必皱眉叹息多日，人有问者，深思不语。常揽镜自照曰："非仙即帝也。"后周世宗崩，他曾欲入汴京，伺机行事，后闻赵匡胤已发动陈桥兵变代周，遂止。宋太祖、宋太宗多次请他出山做官，均被他婉言谢绝。太宗又派大臣询问其"元默修养之道"，他亦婉言拒绝说："（精于黄白之事、吐纳养生之理）假令白日冲天，亦何益于世……正君臣协力同德兴化致治之秋，勤行修炼无出于此。"太宗听后，对他更加钦敬，封赐他"希夷先生"之号。

陈抟一生精研易学，在诗歌、书法、自然科学、养生学诸方面亦有突出成就，著作颇丰，但其辩证观点与封建统治阶级利益相抵牾，因而不为官方所容。清纂修的《四库全书》只存其两个书目，对著述竟一字不录。据《宋史》载，他著有《指玄篇》（81章）、《易龙图》、《九室玄玄篇》、《人伦风鉴》《三峰寓言》、《高阳集》、《钓潭集》等，另遗下诗600余首。他潜心于精神领域的探索，务求宇宙造化之秘，开创三教合一的陈抟学派，影响一代学术之风。他所传下来的《伏羲易图》，后经西方传教士传入西欧，对那里近现代文化和科学的发展产生了一定影响。

陈抟于北宋端拱二年（989）七月二十二日，于华山张超谷石室中去世。其后世渐发展成为亳州大族。后因战乱和其他原因，部分后裔流徙于沿海和海外，亦繁衍为当地望族。

高琼（934~1006）　字保臣，乳名君保。蒙城县涡河北高庄人，北宋著名将领。

高琼少时从军，在王审琦部下。后周显德四五年间（957~958），从征南唐有功。北宋初，任禁军武卫将官。太宗继位，升任御龙直指挥使。太平兴国年间（976~984），擢为天武都指挥使，领四州刺史。不久，从征北汉幽州，建功勋，升马步军都军头，领蓟州刺史、楼船战棹都指挥使。雍熙三年（986），宋军五路北伐，他任第五路总指挥，率楼船水师，自沧州海路至渤海，北攻平州（今卢龙县），连克秦皇岛、锦州等地。端拱元年（988）至真宗咸平二年（999），任都部署元帅，镇守北部边城，威镇雁门、宁武、偏头三关。

咸平二年冬，辽兵犯境，长驱直入，中原震动。真宗急诏高琼，任抗辽总指挥。高琼其时年逾花甲，每战仍身先士卒，连战皆捷，不满一月，全线获胜。战后，朝廷加授检校太尉、忠武军节度使。后调京师任殿前都指挥使。

景德元年（1004）冬，辽兵20万再次南犯，直抵澶州城北（今河南濮阳市），朝野震惊。高琼与寇准力保真宗亲征。此役大破辽师，迫使辽国萧太后签订和约。《宋史》云："真宗澶州之役，高琼之功亦盛矣！"景德三年（1006），高琼病逝，赠侍中、太师、尚书令兼中书令，追封卫国武烈王。葬蒙城县双锁山南麓。

刘金定 生卒年月不详，蒙城县双锁山东刘庄人，北宋巾帼英雄。金定幼年从灵山寺高僧习武、本村塾师习文，有胆有识，文武兼备。唐末，社会动乱，兵祸连年，为保家护乡，她受乡亲拥戴，于双锁山竖旗立寨，屡败流寇。方圆百里的百姓，赖以安居。

后周显德四年（957），与高琼结为夫妻。婚后随夫兵发南唐，在八公山，立马横刀，力夺重关，遂解赵匡胤寿州之围。以后，金定随高琼北上抗辽，助夫镇守雁门、宁武、偏头三关，保卫边疆，立下功劳。金定生有两子：长子高继勋，号称"神将"；次子高继宣，"善骑射，颇工笔札"。二子皆为北宋名将。金定70余岁去世，与高琼合葬于双锁山南麓。

蒙城、淮南、寿州、凤台等地，刘金定的遗迹、遗址很多，刘金定遗闻轶事在皖北地区广为流传。

高太后（1032～1093） 蒙城县人。其曾祖父高琼，父高遵惠。宋仁宗庆历七年（1047）与太子赵曙（后即位为英宗）结婚。

英宗死后,神宗即位,尊高后为皇太后。神宗死,哲宗九岁即位,太后垂帘听政,尊为太皇太后。高太后垂帘听政期间,注重减轻人民的负担,对自己娘家人严格要求,杜绝"内降",并且身体力行,注意节约。《续资治通鉴》评论她:"临政九年,朝廷清明,华夏绥安。杜绝内降(走后门)侥幸,裁抑外家私恩,文恩院奉上之物,无问巨细,终身不取其一,人以为女中尧舜。"高后在政治上有保守的一面。在她听政期间,任用司马光、文彦博为相,废除了王安石的新法。

欧阳修(1007~1072) 字永叔,号醉翁,晚号六一居士。宋庐陵(今江西永丰县)人。北宋天圣八年(1030)中进士。为谏官,正直敢言,屡遭贬谪。后累官至翰林学士、枢密副使、参知政事。欧阳修在文学、史学、考古学方面都有很高的成就,是唐宋散文八大家之一。散文名篇有《醉翁亭记》。

欧阳修于北宋治平四年(1067)五月任亳州知州,时年60岁。北宋熙宁元年(1068)九月离任,在亳州一年零四个月。其间,他写下大量诗文,是历任知州中留下作品最多的一位。

欧阳修热爱亳州,留恋亳州,曾5次上书,希望留在亳州任上。老年时,曾写诗云:"古郡谁云亳陋邦,我来仍值岁丰穰。鸟衔枣实园林熟,蜂采桧花村落香。世治人方安垅亩,兴阑吾欲反耕桑。若无颍水肥鱼蟹,终老仙乡作醉乡。"

李黼(1298~1352) 今利辛县汝集镇天官李庄人,其父李守中为元朝工部尚书。泰定四年(1327),李黼在大都(今北京)中左榜状元(元代科举分左右两榜,取左榜状元和右榜状元各一名。左榜供汉人和南人应考,右榜供蒙古人和色目人应考);以明经魁多士授翰林修撰;致和元年(1328),代祠西岳;后改任河南行省检校官;迁礼部主事,充监察御史;出任江西行省郎中;充国子监丞,升宣文阁鉴书博士兼经筵官;李黼受命巡视河渠,根据河底淤泥高出地面,提出按故迹修浚。后历任秘书太监、礼部侍郎,外调授江州路总管。

至正十一年(1351),李黼总管九江。盗起,攻陷城多处,造船企图南攻。李黼治城壕、修器械、募丁壮,分守要害,以忠义激励士气。至正十二年(1352),贼犯,诸守官逃。李黼身先士卒,大呼陷阵,以长木、铁锥沿岸设置,刺盗船不得动。遂授李黼江西行省参政、行江州等路军民都总管。盗势盛,其余守臣弃城而逃,唯李黼独守孤城,亦无援兵。临战之时,江州平章政事也逃。黼登城布战,张弩射敌。盗绕其他城门而入。巷战,李黼知力不敌,挥剑叱盗大呼:"杀我,毋杀百姓!"盗自背后来,刺黼落马。李黼与侄李秉昭俱骂贼而死。百姓闻之,哭声震天。追赠摅忠秉义效节功臣、资德大夫、行中书省左丞、上护军,追封陇西郡公,谥忠文。立庙江州,赐额"崇烈"。

韩林儿(?~1366) 河北省栾城人,元末红巾军拥立的小明王。其父韩山童是元末白莲教著名首领,与刘福通等在河北永年县策划发动农民起义,遭官兵围捕遇难。刘福通逃回颍州,于至正十二年(1352)揭竿举义,点燃了元末红巾军起义的烽火。至正十五年(1355)二月,刘福通迎韩林儿母子至亳州，拥立韩林儿为帝，号称小明王，建都亳州，国号大宋，建元龙凤。韩林儿之母杨氏为皇太后，封置丞相、平章、枢密使等。拆亳城西太清宫木材，建宫阙于亳州城西北角。同年十二月，亳州遭元军围困，小明王在刘福通保护下南奔安丰。至正十七年（1357）六月，刘福通率义军攻克汴梁，韩林儿进驻汴梁。至正十九年（1359），元军围攻汴梁，刘福通再次拥韩林儿败走安丰。至正二十三年（1363）二月，张士诚部将吕珍突袭安丰，韩林儿被朱元璋接往滁州，居宗阳宫。三年后溺死于瓜州江中。

梁巘 字闻山，号松斋，又号断砚斋主人，清康熙四十九年（1710）生于亳州城夏侯巷一个书香之家。梁巘自幼聪颖好学，喜书法。稍长，随兄就读于南京钟山书院。数年后，学问及书法大有长进。乾隆九年（1744）考取甲子科举人。后多次进京考进士不第。乾隆二十七年（1762），52岁的他再次赴京赶考，又不中，因断了盘缠，在京举目无亲，只得卖字暂度时日。此时梁巘恰与精于书道的成亲王遇上，成亲王对他的书法才华很是欣赏，便将他推荐给乾隆。乾隆对书法也颇有研究，见其笔力遒劲，功力深厚，大为赞赏，遂赐他同进士出身，选任湖北宜昌府巴东县知县。在任期间，梁巘不但勤于政事，还致力于探求书法的真谛。这时他的书法不仅以专工李北海而闻名于世，还取法晋王羲之和明清董其昌等书家，结体谨严，风神韵味如"碧梧翠竹，清和宜人"，被时人誉为"无梁不成书"。书法史上将他与钱塘大学士梁同书并称为"南北二梁"。

梁巘在任 9 年，已年届 60，乾隆三十六年（1771）以母年迈，辞职返乡。乾隆四十年（1775）受寿州知州张佩芳之邀，出任寿州循理书院山长（院长）。从此，他便致力于教书、论书和写书。在主持循理书院期间，他培养了萧景云、张佩、姚杨等一大批书法人才。特别是发现和培养了书法大家邓石如，这更是梁巘晚年的一大功绩。邓石如，安徽怀宁人，自幼喜爱书法。听说梁巘在寿州讲学，便慕名来寿州拜他为师。梁巘见邓石如小篆意象不凡，极为欣赏，在给邓石如指点一段时间后便修书推荐他到金陵好友梅镠家学习、深造。梅家藏书颇丰，碑刻特多，邓石如在梅家刻苦学习了 7 年，从秦篆到汉隶字字精心研练，最终成为"上掩千古，下启百代"的书法宗师。现亳州"白衣律院"的题额便是他题写的。

梁巘书法作品

梁巘在书法史上的另一大贡献是积多年书法经验和研究所得，写就了书法理论著作《承晋斋积闻录》，书中包含执笔论、学书论、书法论、名人书法评论、名人法帖评论、纸论、墨论、笔论、砚论、文房杂论等，是今天书法学习者、研究者必读之书。书中还就所录近300种碑帖进行评述,特别是对王羲之父子以及《兰亭帖》的叙述最为详尽。他取"承晋斋"为书名(也是他的一个书房名),正是他继承汉晋书法、追踪"二王"志愿的表现。

2 近代人物

张乐行(1810~1863) 涡阳县城西北6公里张老家村人。曾贩运私盐,为人宽厚,重义气,乐善好施,远近闻名,被举为捻头。1852年他与龚德树等人在张老家村聚捻起义,聚众万余人攻打永城,劫牢释囚,开仓济贫,震动了清廷。同年,十八铺捻首第一次在雉河集山西会馆会盟,公推张乐行为盟主。

1855年8月,各路捻军再次会盟于山西会馆,公推张乐行为大汉盟主。1857年,张乐行与李秀成部协同作战,接受太平军领导,先后转战豫、皖、苏、陕、晋、鄂、直等省,屡次重创清军。起义延续18年之久,沉重打击了清王朝的统治。

1863年,张乐行率捻军20余万人,与僧格林沁所部大战雉河集,张乐行被包围,仅率20余人突围,携其子张喜、王宛儿夜过西阳集李家圩、李勤邦(张乐行的表弟)家匿之。宿州知州英翰接到李勤邦祖侄密报后伙同杨瑞英与清兵千余人俘获张乐行父子,并将之押往僧格林沁大营(义门镇北七里周大营),张乐行父子最终被杀害。

张宗禹(?~1868) 绰号"小阎王",张乐行族侄,捻军西捻领袖。今涡阳城北 6 公里张大庄人，家有沃田千余亩。张宗禹表面上闭户读书应试，暗中却联络贫苦大众，潜蓄实力。1855 年，随张乐行起义，在雉河集会盟，后被太平天国封为梁王。天京沦陷后，与任化邦等推赖文光为首领，联合作战，屡败清军。1866 年 10 月，捻军分东、西两路，他率西捻军入西北，联合回民起义，直扑西安，歼湘军十三营。1867 年冬，因东捻军告急，他即率军渡黄河经山西攻入直隶，威胁北京。时东捻军已失败，清廷调集各军围堵西捻军。他率军屡败左宗棠、李鸿章部。1868 年 6 月，所部在黄河、运河、徒骇河之间，被清军围困，战败。后隐居河北黄骅（今黄骅县），70 余岁去世。

马玉昆（1838~1908） 字景山。清末淮军将领，安徽蒙城人。1874 年随左宗棠进入新疆抗击阿古柏和沙俄的侵略。1894 年被补授山西太原镇总兵，驻防旅顺。甲午战争爆发后，率毅军赴朝鲜参加对日军的作战，重创日军第九旅团。他的部队在朝鲜作战期间，军纪严明，秋毫无犯，深受朝鲜民众敬仰。朝鲜人民把马玉昆同唐朝名将薛仁贵、明朝打击倭寇的戚继光并称为"中国三杰"，还建庙为他们三人塑像纪念。

马玉昆

1899年，马玉昆晋升为浙江提督，次年调入直隶。八国联军入侵时，率所部在津郊、北仓等地抵抗侵略军，后加太子少保衔。1908年病逝，被追赠太子少保，赏加二等轻车都尉世职，谥忠武。

姜桂题（1843~1922） 字翰卿，绰号"姜老锅"，亳州城东南姜屯村人。清咸丰年间，其父姜永茂因"通捻"罪被清军所杀，母雷氏把他送往捻军，投奔其舅父捻军小花旗旗主雷彦。同治二年（1863），清军统帅僧格林沁督军豫、皖剿捻，姜随雷彦叛离捻军，投靠僧格林沁，后率部夜袭捻圩黄双寨，取得僧格林沁的信任。当捻军首领张乐行在雉河集战败，退往西阳集的时候，姜桂题又献计，勾结捻叛李家英（又名勤邦）将张乐行诱捕，致使张乐行惨遭杀害。是年，姜桂题被提升为管带。

同治四年（1865），清毅军将领宋庆以姜桂题作战勇敢，将其招致麾下。姜桂题随宋庆追击捻军张宗禹部，转战皖、豫、鲁、直各省；又西至秦陇，追剿西捻军，授总兵衔，加"长勇巴图鲁"勇号。光绪元年（1875），姜桂题随毅军从左宗棠奔甘肃镇压回民起义，攻肃州（今甘肃酒泉），身受重伤，加提督衔。光绪三年（1877），去南阳练兵，后又授云南临元镇总兵。光绪九年（1883），姜桂题仍回毅军，随宋庆驻防旅顺。光绪二十年（1894）中日甲午之战时，姜桂题与卫汝成、徐邦道等六军驻防旅顺，因炮台被日军攻占，旅顺失守，受革职留营处分。光绪二十二年（1896），姜桂题应袁世凯之召，入新建陆军，任右翼翼长。光绪二十五年（1899），姜军随袁驻山东泰安。次年六月，八国联军入侵，姜奉李鸿章之命入京拱卫京师，后又因迎护慈禧、光绪皇帝回京有功，加太子少保衔。光绪三十一年（1905），姜办理长江防务。宣统二年（1910），任直隶提督兼统武卫左军。辛亥革命后，在南北议和期间，袁世凯借革命声势威吓清廷，指使段祺瑞等北洋军将领40余人发出通电，迫使清帝退位，姜桂题也参与此事。民国2年（1913）8月1日，袁世凯任命姜桂题署理热河都统，授陆军上将、昭武上将军。在此期间，北京大学校长蔡元培修书致姜，拟将承德藏《四库全书》运往北京，交商务印书馆影印。姜慨然应允，并派军护送，使这部巨帙安全运抵北京，为保存祖国典籍做出了贡献。民国4年（1915），袁世凯进行帝制活动，姜领衔上表劝进。民国5年（1916）7月，徐世昌派姜桂题兼管将军府事务。第二年9月，徐世昌特任姜为陆军检阅使。民国11年（1922）1月16日，姜桂题病故于北京。

五 景观胜境

1 古迹遗存

尉迟寺遗址

尉迟寺遗址,位于蒙城县许疃镇毕集村东 150 米,是 5000 年前人类文化遗址。该遗址于 2001 年 7 月 17 日被列为第五批国家级重点文物保护单位。

自 1989 年至今,中国社会科学院考古研究所安徽工作队,先后对该遗址进行了 13 次发掘,出土各种石器、陶器、骨器、蚌器等珍贵文物近万件,为研究皖北地区原始社会中、晚期的历史提供了十分重要的资料。相传,此地曾为纪念唐代大将军尉迟敬德在此屯兵而建有"尉迟寺",故称尉迟寺遗址。

遗址呈四周低中间高的凸形地貌,遗址中的红烧土排房是我国迄今为止已经发现的最完整、最丰富、规模最大的史前建筑遗存。该遗址是国内目前保存最为完整、规模最大的原始社会新石器晚期聚落遗存,东西长约370米,南北宽约250米,总面积约为10万平方米。共发掘红烧土房基10排(组),计41间,墓葬217间,以及灰坑、祭祀坑、兽坑、活动广场等遗址,被史学界专家称为"可与金矿媲美的资源"。

傅庄遗址

傅庄遗址,位于谯城区西郊傅庄,涡河南岸,1981年发现,面积约2.4万平方米,遗址北部被涡水冲刷成断壁。1982年安徽省考古研究所进行小面积发掘,发掘面积110平方米。遗址文化堆积从上至下分别为商、二里头文化、龙山文化、大汶口时期文化,堆积厚度约5米。遗址埋藏丰富,仅在此次发掘中就出土各种遗物1000多件,有玉环、玉管、玉珠、玉牌、石斧、石锛、石镞、骨针、骨笄、大陶等。遗址发掘墓葬13座,有单人葬、3人合葬和5人合葬,葬式为仰身直肢和侧肢,合葬墓有两男一女、四男一女、两男两女一童等,从一些尸骨上发现有拔牙习俗,这种葬俗对研究大汶口文化中晚期的社会结构和当时的习俗,提供了珍贵的实物资料。根据C_{14}年代测定,遗址中龙山文化层的年代,距今4045±95年,树轮校正年代,距今4460±145年。

汤王陵

汤王陵,又称汤王墓,位于谯城区谯陵北路东侧、涡河北岸,为全省重点文物保护单位。有关汤王墓的文字记载,最早见于三国时期曹丕所著的《皇览》:"涡北凤头村,有成汤故垒。"郦道元在《水经注》中记载:"商成汤葬于涡河之阳。"《亳州志》记载:"汤陵西有桑林,是成汤王祈雨处",东北有桐宫,是伊尹囚禁太甲之处,今俱无存。1936年辟为"汤陵公园",园内广植花木,松柏常青,亭榭翼然,曲径通幽。现存汤陵为一高大圆形土丘,高6米余,周长近60米。墓冢前竖"商成汤王陵"石碑,两侧为清康熙十二年(1681)和乾隆三十六年(1771)重修汤王陵的碑刻,记录了历次维修汤王陵的情况。墓南有一棵500余年树龄的黄楝树,生长顽强。园内古树、寝陵、墓碑构成了帝王园林特色。汤王是我国古代最有德行的圣君之一,受到后人的尊敬。

汤王陵

关于成汤王还有一则动人的民间传说。据说商朝建国不久,亳州连年大旱,滴雨未落,用了各种办法求雨都无济于事。后来巫师卜卦,说应用人作为祭品,老天才能下雨。汤王就长叹一声,说:"求雨是为造福百姓,怎能让人民作牺牲呢?"过了一会儿,他断然道:"假如定要如此,那就让我来吧!"于是,他选了一个吉日,沐浴之后剪掉头发和指甲,穿上一件白色粗布衣裳,跪在神台前祷告:"天呀,我一个有罪,不要连累万民,万民有罪都在我一个人身上,请上天对我这个罪王进行惩罚吧。"接着由巫师搀扶着登上一个高柴堆,开始求雨。百姓跪在柴堆周围望着贤王的身影,一个个泪如泉涌。点火的时候到了,巫师把柴堆点着,顷刻间浓烟滚滚,火焰飞蹿。说来也巧,这时天空电闪雷鸣,大雨倾盆而下。人们在欢呼中把汤王从柴堆上扶下来,送回宫中。

成汤王在位13年,死后葬于亳州。桑林求雨的故事代代相传,成汤王的功德被世人所赞扬,为了纪念他,后人特修建汤王陵公园。

伍奢冢遗址

伍奢冢遗址,位于利辛县孙庙乡庙李村东北,为新石器时代至汉代遗址。遗址呈谷堆形,占地3万平方米,因伍奢冢在此而得名。冢上文化堆积层为38米,冢下为18米(河堤剖面),冢南100米处有土城墙遗址,东西长140米,基宽3米,高出地面半米许,城墙北侧发现有古井、锅灶遗迹等。20世纪60年代,曾发现有石斧、骨针、陶网坠、红烧土等。1980年后,从地面采集了大量文物标本,专家鉴定为大汶口文化晚期遗物。其上层夹杂着东周至汉代遗物。该遗址具有重要的保护价值和学术研究价值,为省级文物保护单位。

禅阳寺遗址

禅阳寺遗址,位于利辛县马店孜镇西3000米六里庄西侧,因遗址建有禅阳寺而得名。禅阳寺香火延续 2000 多年，清朝时毁于火灾。遗址分布面积 10 余万平方米，现为农田，其文化堆积层为 2.4 米，保存完好。1987 年 5 月禅阳寺遗址被利辛县人民政府公布为县级重点文物保护单位；2012 年 3 月被亳州市人民政府公布为市级文物保护单位；同年 8 月被列为安徽省重点文物保护单位。

相传春秋晚期，楚平王昏庸，听信费无极谗言，杀害了伍子胥的父亲伍奢和兄伍尚，迫使伍子胥逃往郑国，与太子建父子相会。太子建因与晋密谋取郑，事泄被郑定公谋杀，子胥惧郑祸连累幼主胜，便携胜及胜母马夫人逃往吴国。行至楚地，被费无极带兵追杀，途奔一小村，马夫人实在走不动了，孩子又啼哭不止，此时兵喊马嘶声已在耳，情势危急，马夫人对伍子胥说："伍将军保幼主先逃吧！"说罢，乘伍子胥不备，投井而死。伍子胥悲痛不已，只好搬块石头盖上井口，寻路向吴国方向逃去。后伍子胥领兵伐楚，在此处建庙祭祀，时人称这口井为"落凤池"。

自 1980 年以来，经多次实地考察，考古人员在遗址发现了大量红烧土、陶器残片等。1989 年春，国家考古队对禅阳寺遗址进行勘探，确定文化堆积层为 2.4 米，同时根据所采集的文物标本，对该遗址的文化属性进行了认定。现采集的文物标本有灰色陶鬲足、陶豆柄、陶豆盘、盆口沿、缸口沿、鸭嘴形鼎足、扁凿形（有凹槽）鼎足、圆锥形鼎足、镂孔陶片、罐口沿、壶颈片、陶网坠等，器形有夹砂红陶篮纹罐形鼎、腹饰宽凹篮纹的夹砂厚壁缸等，质地有夹砂红陶、夹砂灰陶、黑衣陶、泥质红陶、泥质灰陶等，纹饰有绳纹、绳索状附加堆纹、方格纹、篮纹兼附加堆纹、刻划纹、网纹等。

阴阳城遗址

阴阳城遗址，位于利辛县汝集镇东北7000千米，新桥行政村东李自然村东侧。遗址总分布面积62.49万平方米，地势较平坦，绝大部分被农田覆盖，范汝、庄汝两个自然村位于遗址之上。2004年7月阴阳城遗址被利辛县人民政府公布为县级文物保护单位；2012年3月被亳州市人民政府公布为市级文物保护单位。

西淝河把遗址分成两部分：南区（淝河南岸遗址中心区）、北区（白庙遗址位于其上）。据考证，春秋时期，吴楚之间交战频繁，争夺徐、陈、蔡、州来诸国，楚国为北拒宋、郑，东防强吴，常陈兵于淝河之间，于西淝河乾溪入口处筑城屯兵以护卫国都钜阳。古代建城、屯兵注重依山傍水，一是便于攻防，二是便于漕运。在南北乾溪入淝处筑城、屯兵，符合战略地理要求，北控陈蔡，东扼强吴，南达颍尾，宜攻宜防。古代讲究阴阳学说，水北为阳，水南为阴，因跨河而建，当地居民相沿传称呼乾溪入淝河两岸叫阴阳城。

考古工作者在1984年文物普查时发现，在南至庄汝、西至魏楼、北至管台子、东至赵楼跨淝河2平方千米范围内，有3座木桥，桥墩为柏木，尚存部分直径为70厘米。周家欢是遗址最集中的地方，1964年兴修水利工程，在此挖出12眼井，井底发现鹿角、牛骨、马骨。在周家欢与古水白庙间多次发现陶网坠、蚁鼻钱、陶马、铜鼎炉、铜鞋、铜帽、七星剑、铜镜、铜筋簇等。1984年11月17日，疏浚西淝河时，于西淝河北岸管台子出土青铜鼎一件、青铜簋两件，在牛阁南侧发现砖铺路基和房基。

阴阳城遗址出土的青铜簋

在2002年"西气东输"工程中，安徽省考古研究所在此遗址南部抢救性发掘300平方米，出土了东周至汉代陶网坠、蚁鼻钱、陶罐、陶壶、陶碗、陶盆等。根据采集的文物标本和发掘出土文物，考古工作者认定该遗址为东周至汉代遗址。

此外，"阴阳城"又称"繁城"，当地居民有"伍子胥坐繁城"的传说，无典籍可考。伍奢冢（子胥父墓葬）在阴阳城遗址南3.5千米老母猪港南岸。据其地理判断，可否认定伍子胥家宅就在阴阳城遗址，尚待考古发掘的证实。

九龙井

老子故里涡阳有九眼水井，被称为"九井"或"九龙

天静宫道教法事活动之一，迎取九龙井圣水仪式

井"。"九龙井"见诸多种典籍。《括地志》云："苦县在亳州谷阳县界，有老子宅及庙，庙中有九井尚存。"其来历亦与一个神话传说有关。《正统道藏·犹龙传》云：老子降生时"万鹤翔空，九龙吐水，以浴圣姿，龙出之处，因成九井"。唐段成式《酉阳杂俎·玉格篇》载："老君生于苦县濑乡涡水之阳，九井西李树下。""北则老君庙，《水经注疏》云：庙东院中有九井焉。"安徽省文物考古所的考古结论是：在原流星园址，共发现九口古井，已清理其中一口。此井深埋土中，离地表3米才发现残破井口，井内全是淤泥。井口内宽直径为90厘米，井深5.7米，是用红、灰褐两色夹砂陶制成的大块板瓦筒缸套制而成，共14圈。筒缸厚度为6厘米左右，高度为35～37厘米不等。井的底部为天然砂礓。此井经过两天清理，出土了大量红陶与灰陶生活用具残片。红陶残片属于春秋时

代，灰陶残片系汉代遗物（数量较多）。陶片花纹有绳纹（较多）、篮纹、方格纹等。其他尚有少量的汉代瓦片及8块先民用过的砺石，有明显的摩擦痕迹。此井被初步确定为春秋时代的井。

北平城遗址

北平城遗址是汉朝的山桑县城，始建于春秋，时名垂惠聚，位于今涡阳县城东北64里处。涡阳县北平城遗址各时期的陶器残片俯拾皆是，被列为安徽省重点文物保护单位。

东汉末，封文钦为山桑侯于此，所居之处俗称北平城。《水经注》载："北肥水东南流经山桑邑南，俗谓之北平城。"《寰宇记》载："北平城在临涣县西南四十五里。"东汉建武四年（28），战乱频发，王莽部将苏茂、周建被刘秀军队打败，逃至垂惠聚。次年，刘秀亲自率领军队攻打垂惠聚，但围困月余，却一直没有进展，只得下令命官兵从四面八方用大火进行围攻。顿时，城内火蛇飞舞，越烧越旺，风助火势，火借神威，把城内的敌兵全部烧为灰烬，城土皆烧为红色，因此得名红城子、红栗城。北平城遗址迄今形迹尚存，长宽均为600米，面积36万平方米。旧时周围筑有土城，四角建有土楼，开东、西两门，墙外是护城河，河宽约15米，深3.5米。传说三国时，曹操伐袁术曾屯兵于此。

范蠡西施冢

范蠡西施冢也叫范蠡堌堆，为范蠡西施合葬墓，又叫峨眉山。在涡阳东南40里处，西阳集之西。《安徽通志》记载："越大夫范蠡墓在涡阳东南范蠡村。"《蒙城县志》记载：

"范蠡墓在县西五十里。"《涡阳县志》记载:"范蠡冢,清时曾奉防护。……今冢在西阳集西八里,土丘隆起,古柏挹翠,黄流襄陵,曾无崩坏。"乾隆时,蒙城知县关中淡若水题碑道左曰:"范蠡冢,旧有范子祠。"《葛洪奕祀》记载:"幼披山桑人物图,考见有所谓范蠡冢者,土人谓冢为堌堆,故亦曰范蠡堌堆。又号为峨眉山。"范蠡冢已载入《中国名胜词典》。

尹喜墓

尹喜即关尹,春秋末期人,在其任函谷关关令期间,适逢老子西出函谷关,尹喜诚恳地挽留老子,并再三请求老子著书立说,将其学说、思想留给世人。享誉世界的五千言《道德经》(又称《老子》)就是这样产生的,并由尹喜传于后世。相传尹喜为报答老子的教诲之恩,嘱其后人将其遗骸葬于老子故里。其墓在天静宫东4里,俗称尹子堌堆,占地1000平方米,高约9米,宛如小丘。

此墓早年多次被盗,墓志铭及墓中物品大多流失。1992年冬,考古工作者曾对此墓进行过清理,墓为砖石结构,有大型汉砖铺地,并存有巨石墓门两扇,每扇高170厘米,宽80厘米,厚10厘米,上有兽头铺首衔环浮雕。从墓室的规模和墓门之大来看,此墓非同一般,规格甚高。今天,人们为了纪念这位先哲,在其墓地修建了尹喜公园。

曹操古遗迹

亳州市谯城区是魏武帝曹操的故里,是曹操生长之地,城乡至今保留众多遗迹。魏武故宅,在城东涡河南岸,《水经注》

载:"城东有曹太祖故宅,所在负郭对廛,侧隍临水。"地面建筑宋末已毁,故宅保存两棵千年银杏树。曹操少年读书地义门寺,在谯城区沙土镇西约2千米,现为高1米的台地。屯兵重地南曹寺、北曹寺,位于谯城区张集东北,南曹寺已毁,北曹寺现为一台地。东西观稼台,老城东郊、西郊各有一高大土堆,原为曹操屯田时督耕促种的瞭望台,后人曾在台上分别建大悲寺和崇兴寺,均废。谯令寺,又称谯陵寺、谯令谷,在城东25千米,刘集南。《三国志·武帝纪》记载,曹操改任东城太守不久,称疾返乡,遂筑精舍,冬夏习读书传,秋冬射猎。后魏文帝曹丕即出生于此。谯令寺北有大墓数座,当地居民习称曹家埂堆。八角台,在城东南3里的徐园村,台高4米,面积3000多平方米。它是建安七年(202)曹操东征吕布返乡建筑的飨军台,台上原有八角亭,故后人称台为八角台。练水军处,在涡河和洪河交汇处,这里水面宽广易泛舟船,曹操为东征孙吴,在此训练水军。河南岸还有练兵的遗迹——饮马坑和拦马墙。在涡阳县高炉镇有曹操兵工厂和粮仓遗迹。

古地道

古地道位于亳州老城内主要街道下,以大隅首为中心,向四面延伸,分别通达城外。整个地道经纬交织,纵横交错,布局奥妙,变化多样;立体分布,结构复杂;规模宏伟,工程浩大,是迄今发现的历史最早、规模最大的地下军事战道。其具有的文化价值之大,甚至远远超过地面上保留的一些完整古老城池的价值,被誉为"地下长城"。2001年6月25日古地道被列为第五批全国重点文物保护单位。

据传说，南宋嘉熙四年（1240）黄河决口，亳州城被淹，古地道被灌淤塞，自此深埋地下700余年，未曾被发现。1969年，为响应毛泽东主席"深挖洞，广积粮，不称霸"的号召，全市群众广泛参与挖地下防空洞运动，先后在老城区人民东、人民西、人民南、人民北4条街道（原四门大街）地下发现古地道，目前已查明近6000米长。

古地道在地下蜿蜒延伸，纵横交错，犹如一座地下长城，十分壮观。地道内有障碍墙、绊脚板、陷阱等陷敌设施，还有猫耳洞、掩体、传话孔、灯龛、通气孔等附属设施。现存古地道，有土木结构、砖土结构、砖结构三种类型，有单行道、转弯道、平行双道、上下两层道四种形式。地道距地面深度一般2~4米，最深处7米，道内高度1.8米左右，道宽0.7米，道内转弯处均为"T"型，平行双道间相距2~3.5米，中间砌有方形传话孔。这些对研究中国古代军事建筑、军事战术有重要意义。运兵道内清理出土的文物相当丰富，主要是东汉、三国、唐、宋各时代的遗物，有直接用于作战的铁刀、铁剑、弹丸、铁钉、衔枚等军事器械，也有铜镜、铁灯、瓷盏、陶瓷等生活器物，还有用于娱乐消闲的围棋子以及用于购物的流通货币铜钱等。

曹氏家族墓群

曹氏家族墓群位于谯城区魏武大道两侧，主要包括董园汉墓群、曹四孤堆、刘园孤堆、薛家孤堆、观音山孤堆、张园汉墓、马园汉墓、袁牌坊汉墓群、元宝坑汉墓群等，占地约10平方千米，甚为庞大。2001年6月25日，曹氏家族墓群被国务院公布为全国重点文物保护单位。

该墓地是东汉后期费亭侯曹腾家族墓群,据勘查总数多达50余座。据文献记载,亳州城南有曹腾、曹褒、曹嵩、曹灿、曹胤等人的墓群。近年考古发掘证实,亳州城南除有《水经注》记载的曹腾等人的墓以外,还有曹鼎、曹鸾、曹勋、曹水、曹宪以及许多不知名的墓。可见曹氏家族自曹腾发迹后,形成了一个庞大的官僚群,其宗族墓地广大。从已发掘的墓葬可知,曹氏宗祖墓群的形制基本相同,规模都很大,为砖石结构的多室墓,一般均具有前室、中室、后室以及数量不等的耳室或偏室。墓门多为石结构,饰有画像刻石,墓室墙壁、券顶绘有彩色壁画。其中最具代表性的是石结构的曹腾墓和砖结构的曹嵩墓。曹氏宗族墓群出土的玉刚卯、玉猪、银缕玉衣、玉枕、象牙石等珍贵文物,对研究东汉后期的墓葬形制和丧葬习俗具有重要学术价值;墓中出土的800多块带文字的墓砖,隶、篆、草、真、行五大书体俱全,对研究中国古代书体演变具有重要价值。

曹腾墓,位于谯城区魏武大道路西的曹氏家族墓群北侧,是曹操祖父曹腾的墓葬,现为全国重点文物保护单位。曹腾墓冢封土呈覆斗状,冢残高7米,后人在墓冢四周砌筑的青石护冢墙保存完好。据《水经注》记载,曹腾墓南侧有圭形石碑,正面题"汉故中常侍长乐太仆特进费亭侯曹君之碑。延熹三年立",石碑北面刊有诏策。石碑东西两侧各有两对石马,石马高八尺五寸,刻工粗拙。南侧有石阙双峙,石阙高一丈六尺,雕镂云矩纹饰。曹腾墓建筑规模浩大,用料讲究,雕刻精湛，彩绘绚丽，出土文物精美，俨然一座地下宫殿。

张园汉墓，曹氏宗族墓群之一，位于谯城区魏武大道中段，现为全国重点文物保护单位。张园汉墓为大型砖结构多室墓，1989年清理发掘，由前室、中室、后室、耳室等11个墓室组成，全部用绳纹砖筑砌。墓门向东，为石结构，门额、门框、门扇均饰有画像石刻。门额雕刻龙虎图，意为避邪镇墓。门框南侧雕刻拥彗侍者。彗，扫帚也，《史记·高祖本纪》载："太公拥彗迎门却行"，拥彗是迎宾的礼节，表示对来宾的尊重。门框北侧雕捧奁侍者，一侍仆恭敬地捧着妆奁盒。墓室多为穹隆顶，少数为拱形券顶。墓室之间用拱形券顶相连接。该墓多次被盗，墓内仅清理出土玉猪、陶罐等文物。

嵇康墓

嵇康墓又称嵇中散墓，在涡阳城东北30千米的石弓山东之嵇山南麓（原属濉溪之临涣），石山戴土，为独立的山丘，占地面积0.3平方千米，高54.3米。据志载，晋代"竹林七贤"之一嵇康的祖上，因避怨，由会稽上虞徙居于此，以山名为姓，在山下的竹林内以打铁为生。嵇康被司马昭杀害后，葬于此山。嵇康墓已载入《中国名胜词典》。

《元和郡县图志》载，临涣县（今临涣集）有嵇山，在县西20里。晋嵇康家于铚（今临涣集，晋以前称铚）嵇山，因姓嵇氏。清嘉庆十年（1805），宿州知州李清玉在《重修嵇康墓》碑文中说："宿州西百二十里有中散大夫嵇叔夜墓载在州乘。"这些记载与《晋书·嵇康传》一致。其墓依山凿石而建，巨石封门，上覆山土，墓在山腹中，外表与山一体。

嵇康亭

嵇康亭位于蒙城县城内东北隅，矗立在一个大水塘中间的土丘上，高数丈。嵇康亭四周环水，柳暗花明，景色宜人，为县级重点文物保护单位。

相传魏晋时"竹林七贤"之一的嵇康，曾在魏任中散大夫，司马昭篡位后，他不愿与之同流合污，为司马昭所忌，因仰慕庄子，便隐居于此，著书立说，读书抚琴，灌园打铁。一次，他正在树下打铁，司马昭的亲信钟会来拜访，他不予理睬。钟会在司马昭面前进了谗言。后来，嵇康的朋友吕安被其兄吕巽诬告犯不孝之罪，嵇康替吕安据理力争，司马昭乘机将二人同时下狱，并将嵇康杀害。为纪念这位刚正不阿的大贤，故后人命此丘为"嵇山"。

清乾隆三十一年（1766），蒙城知县淡若水为纪念嵇康，修建"嵇康亭"。清嘉庆九年（1804）知县周鹤立又重修，后因战乱，毁于战火。新中国成立后，1962年，中共蒙城县县委工交部副部长兼城郊区委书记宋润身，重建嵇康亭。1988年县政府又拨款重修。

嵇康亭风光优美，其"嵇山夜月"之景更是独具魅力。清代蒙城知县高淑曾有诗赞曰："金波碧彩浸方塘，秋暮来游夜气凉。最是一卷堪坐啸，广陵遗调未全亡。"描述了嵇康亭深秋季节明月当空、凉风习习、荷花飘香、树影摇曳、池水荡漾、秋虫鸣叫的清幽景象。

明王台

明王台在谯城区大有街路北通真观内，西、北两面靠哑巴坑，地面建筑早毁，现为一略高于周围地面的台地，是元末红巾军农民起义领袖刘福通拥韩林儿称帝时的宫殿遗址。

《亳州志》载："刘福通自砀山清河迎韩林儿为帝，据亳继位，遗台尚存。"韩山童与刘福通于元至正十一年（1351）聚众起义，韩山童被推奉为明王，后被元军擒杀。韩林儿号"小明王"，立国号宋，都亳州，建元龙凤，以亳州通真观设为宫殿，并拆城西太清宫建筑材料扩建宫殿。

万佛塔

万佛塔原名插花塔，因上面镶有8000多尊佛像，故名万佛塔。北宋崇宁元年（1102）修建，塔东侧有寺，名兴化寺，所以最早的名称叫兴化塔。元至正年间于塔西又建有一寺，名慈氏寺；明洪武年间重修，又名慈氏寺塔。蒙城八景之"慈氏晓钟"即因此而来。

塔共13层，高42.6米，塔底周长24米，直径8米。呈八角形，内外嵌砌赭、黄、绿三色琉璃砖。塔身内外遍嵌彩陶佛，计8000余尊。每层有四门，七层以下方向一致，七层以上逐层换向，上下错位。塔顶为铁制塔刹，装有复钵一个，每层八角皆有风铃。塔内结构繁多，四层有小庙，内部塔壁嵌有一块宋代修塔碑记。登塔的阶梯为枣木所制，因年代久远，留下深深的磨损痕迹。从塔内可上至十一层，登高俯视，亳州城风貌尽收眼底，远眺旷野辽阔、平原千里，令人赏心悦目。另据《蒙城县志》载："插花塔在城内慈氏寺，宋时建。"据传，塔内曾有唐贞观三年（629）修塔碑文一方，已毁。从结构特

万佛塔

点判断,宋代建筑成分居多。该塔造型优美,对中国古代建筑史的研究具有重要价值。

薛阁塔

薛阁塔在亳州老城东南,是一座砖塔。直椎式八角开,共七层,高34.15米,塔底周长23.36米。塔座由八块青石奠基。塔一层、二层为仿木结构,每角砌砖为方柱,高3.5米。柱上枋高50厘米。枋上为塔檐,并饰以斗拱、昆虫、鸟卉花纹。登塔门面向东北,有螺旋式台阶,塔室为一个面南的小龛，可能是供俸神像用的。各层塔檐造型与一层、二层基本相同。塔之上顶八角飞檐，挑角垂脊，铺有筒瓦滴水檐形，如八角古亭。塔尖端为铁铸莲座，座上有螺旋铁柱支撑。一个铁葫芦直插云霄。

薛阁塔的原名是文峰塔。清乾隆中叶，知州郑交泰为了弘扬正气文风，于城东南1里兴建。原五层，后绅士何天衢捐资复建两层，成为七级浮屠。明朝武宗时，亳州名人薛蕙，字君采，号西原先生，于正德九年（1514）举进士后，授刑部主事，历考功司郎中。薛蕙曾建家于此，薛蕙的嗣孙薛凤翔，明崇祯年间，官鸿胪寺少卿，能诗善书，著有《牡丹史》四卷，为我国古代研究牡丹的专著，薛氏名噪一时，又因塔紧靠薛家阁，故后人多称文峰塔为薛阁塔。之后，薛氏家庙荒废，清嘉庆三年（1798），亳州都司李铭，在薛阁原址之上堆土为山，重建庙宇。拾级登山，曲室回廊，危楼静宇，改名为观音山。时称古亳之胜，薛阁塔也更为游人所慕。

纪家塔

纪家塔为一座小型墓葬塔，建于清嘉庆年间，距今已有两百多年历史。1987年5月被利辛县人民政府公布为县级重点文物保护单位；2012年3月被亳州市人民政府公布为市级文物保护单位。2008年，利辛县人民政府拨专款对该塔进行了维修。

塔高10米，塔体系楼阁式砖塔，空筒式结构，平面六角，高七层，塔基占地面积6平方米。各层高度自下而上逐层递减。一、二层砖檐平出出挑，三、四层为棱牙砖出挑，五至七层仍为砖檐平出出挑。翼角无明显升起,用砖雕制为升起的砖脊。第一层东南面辟半圆卷盲门,镶嵌青石碑一块,原碑文在"文革"期间遭破坏,字迹模糊不清,依稀可见有"蒙城县""嘉庆"等字样(此地原属蒙城县辖)。二层东南面上方镶嵌长方形青石匾额一块,匾额中镌刻隶书"芳名永垂"四个大字,四周环刻回形几何图案。三至七层塔身东南面均设半圆卷盲门。随着塔身层高降低盲门也随之递减。各层均不设窗。塔内中空,无塔心柱,每层内设十字形横木交叉支撑。塔基和七层做了分界,加砖出脊,塔刹系红、绿彩釉陶葫芦,中间锻铁刹柱贯穿。相传从前此地有一大户人家遗孀纪氏妇人,无子,家有良田数十顷,笃信释教,吃斋行善,临死前把所有田产悉数周济佃户百姓,当地民众感恩,共建此塔祀之,故得名"纪家塔"。

张乐行故居

张乐行故居位于涡阳县城西北6000米张老家村。清嘉庆十五年(1810),张乐行诞生于此。张乐行故居系安徽省重点文物保护单位。

张乐行故居有合瓦瓦房16间,其中前排堂屋5间,后排客厅5间,东西厢房各3间。客厅重梁起架,雕梁画栋,明柱走廊,花格门窗。张乐行故居内陈列着张氏大宗谱、张氏小宗图、张慰祖墓碑及张敏行墓碑。

张氏大宗谱高220厘米,宽80厘米,厚20厘米。上刻始祖张桂于明朝中叶自山西洪洞迁居后张氏各脉支派的宗谱。凡参加捻军起义的将领如张乐行、张敏行、张宗禹等人均有记载。

张氏小宗图高140厘米，宽60厘米，厚12厘米。上起张乐行五世祖芬、芳、英、苑兄弟4人，下至张乐行以后六世孙张震、张鳌等人，共12代，计370人。

张慰祖墓碑。张慰祖系张乐行之父。此碑长167厘米，宽58.5厘米，厚17厘米，上刻"金石刻画，犹将睦友铭先德；宅兆帧祥，永以福录启后人"的对联，中间刻有"皇清故耆英张公讳慰祖暨德配燕孺人之墓"（燕氏为张乐行之母）。

张敏行墓碑。张敏行系张乐行二胞兄，捻军尖子贡旗旗主，因作战勇猛，被封为"闯王"，号称张闯王。1863年，张乐行殉难后，张敏行随张宗禹领导的西捻转战山西、河北等地，战死于疆场，谨以棺椁安葬。此墓碑长140厘米，宽58厘米，厚17厘米。

捻军会盟旧址

捻军会盟旧址位于涡阳县西关山西会馆院内。1962年，安徽省人民政府拨款在旧址重建房屋5间，作为捻军会盟起义纪念建筑，属安徽省重点文物保护单位。

咸丰二年（1852），张乐行等各路捻军聚集在山西会馆会盟，公推张乐行为盟主，进行武装抗清起义。捻军会盟旧址（山西会馆）是山西商人集资所建，整体建筑雄伟。大门面向南，前后三排房屋，两进院落，大门两旁有石狮一对，门上石质匾额横刻"山西会馆"四字。二道大门两旁有石鼓一对，穿中堂可达后院，后殿5间，砖木结构，上覆五色琉璃瓦，大殿前置一铜香炉，捻军结盟时在此焚香立誓，祭告天地。旧房屋在清军剿捻时多次遭到破坏，1938年又遭日军轰炸，新中国成立初期，仅剩有石刻匾额和石碑各一块，石狮子和石鼓各一对。

2 宫庙祠馆

天静宫

涡阳天静宫（俗称老子庙，又名中太清宫），是中国伟大思想家、哲学家、道家学派创始人、道教鼻祖老子的诞生地，道教之祖庭。坐落于涡阳县城北，南距谷水（今称武家河）入涡处1000米。北枕龙山，三面环水，环境清幽。东汉陈相边韶在《老子铭》中称此处"土地郁塕高敞，宜生有德君子焉"。

谷水之滨天静宫

天静宫始建于东汉延熹八年（165），盖因桓帝梦见老子降于殿廷，乃颁旨在此立祠祀奉。此后，曹魏黄初三年

（222）、隋开皇元年（581）都奉敕修整过。李唐王朝以老子为始祖，尊崇至极，屡加册封，钦赐庙额为"太清宫"，并尊此庙为祖庙，大兴土木。天静宫金碧辉煌，宏伟壮阔，不逊于帝王之宫。唐末战乱，几成废墟。北宋大中祥符七年（1014）至天禧二年（1018）奉敕重建。翰林学士盛度撰碑。

唐宋诸多帝王曾多次躬涡之滨，恭谒老子降诞圣地。唐高宗于乾封元年（666）二月，自泰山前来此朝谒，尊封老子为"太上玄元皇帝"。宋大中祥符七年（1014）正月，宋真宗至此，加封老子为"太上老君混元上德皇帝"，撰《御制朝天谒太清宫并序》。太清宫在唐宋时为鼎盛时期，规模宏大，海内无匹，号称占地三千亩，食邑数千人。元明两代，宫观尚蔚为壮观。清末战乱频仍，殿宇日趋颓废，始有"烧丹灶冷余荒草，问礼堂空剩石牛"之叹。

1989年以来，海内外专家学者经多方考察论证，确认此处为老子诞生之地，即天静宫旧址所在。故而，马炳文、谭兆、侯宝垣等大德之士广募善款，重修天静宫。今日青牛回转、紫气重现，老子故里天静宫又复屹于古相大地，再现昔日风采。全宫分中、东、西三路。中路为正殿所在，前后有山门、会仙桥、灵官殿、老君殿、天师殿、重阳殿、财神殿、元辰殿、老祖殿、慈航殿、吕祖殿、钟鼓楼及"道之源""德之初"陈列室、乾坤道舍。其东有东岳庙、圣母殿、流星园及九龙井，西有讲经堂及藏经阁。

华祖庵

华祖庵，是祭祀东汉时期杰出的医药学家华佗的庙祠，是

华祖庵

亳州一大名胜古迹。华祖庵又名华佗庙,位于谯城区永安街中段路北,东邻三神庙和神农衣冠冢,南邻曹操的斗武营。因庙的历代住持皆为女僧,因此叫华佗庵。1961年,郭沫若先生亲题"华佗纪念馆"馆名。1981年,华祖庵被安徽省人民政府公布为全省重点文物保护单位;2010年被全国旅游景区质量等级评定委员会评为AAA级旅游景区。

华祖庵始建于唐宋年间,由庙祠、故居、古药园三个院落组成,占地面积8600平方米。清乾隆辛巳年(1761)修缮,清嘉庆二年(1797)复修,同治年间又重修一次。1962年,亳县人民政府拨款进行维修,1980年再次拨款维修。庙祠内外双狮雄踞,古木虬枝盘空,殿宇辉煌,肃穆庄严。正殿内供奉神医华佗塑像,像高2.7米,塑像面目慈祥,神情倔强、飘逸，神采奕奕。

这里陈列着大量的医史文献和文物展品，如《华佗神方》《华佗遗著》《中藏经》《华佗乡土别传》等著作；西偏殿内立数组彩塑蜡像，配以灯光布景，引人入胜；东院修竹门，"华佗"在自怡亭中翘首昂然。亭悬楹联曰"自是闲云野鹤，怡然流水瑶琴"，成为华佗一生的写照，穿过庙祠就是他的故居。元化草堂立于高台之上，东厢"益寿轩"、西厢"存珍斋"为其当年的药房和看病的地方，分别系挂着中国历代名医画像和其乡土别传以及国内外专家学者的题词和绘画，整个院落回廊相接，松苍柏老，竹翠梅寒，绿荫深深，与庙祠相映生辉。绕过画廊，进入古药园，垂柳吊槐覆盖下的药池，晶莹绿泛，至善水榭与曲桥玉立其间，一片竹篱柴扉间，满植芍药、牡丹、白菊、曼陀罗、玫瑰、棕榈等名贵中药草及花卉。神医阁、五禽戏、云路桥和诗壁诸景，掩映在碧水绿树间，古香古色。今天的华祖庵已成为世界研究华佗医术的中心。

东岳庙（老子文化博物馆）

现存的东岳庙位于天静宫之东，属宋代天静宫建筑群的一部分，也是涡阳太清宫庞大的建筑群中唯一保存下来的古建筑，是安徽省少见的宋代砖木结构殿宇。按清光绪《亳州志》记载，与古流星园位置吻合。后来，被当地百姓用于供奉东岳大帝。现今已建成老子文化博物馆，展示多年以来在老子故里涡阳的考古发现成果。

东岳庙虽经风雨侵蚀，但其主殿五楹基本完好。屋脊上有元代建筑龙饰，龙身修长，线条粗犷，系陶土烧制，形制十分浑厚。另有兽头6只（已残2只），用材、形制、风格、时代都与龙饰相同。殿内还有上下两端较细、中段较粗的宋代木质梭柱2根，经考证推论，此庙始建于宋代，经元代重新修整，清道光十八年（1838）再次重修。在近年的修缮中，发现有汉唐时期的基础和建筑构件。

2008年，经过专家考证，庙内西配殿西山墙现存的一幅古代壁画，为道教故事《老子出关图》，《中国文物报》及安徽省文物局有关专家认为，涡阳县东岳庙内的古代壁画《老子出关图》是安徽省道教文物的最新重大发现。

东岳庙现已按原貌修复加固，殿内陈列元至明清敕建和装修太清宫的石碑20余块，其中较为著名的是元代翰林张起严的兴造碑和明代大儒方震孺的重修碑，余者尚有古流星园石匾额、"敕撰"、"混元降（诞）"残片、蟠龙碑帽、东汉宫殿龙纹石雕建筑构件、大型石桥拱圈以及大批汉砖等。

希夷故里陈抟庙

陈抟庙位于谯城区城南宋塘河西岸陈庄，系其后人敬祀陈抟的家庙，故又名"陈氏家庙""陈抟庙""希夷祠"，为市级重点文物保护单位。庙废于"文革"期间。清道光年间所立碑记存于陈庄陈抟后裔家中，另一古碑1958年被毁。2007年，亳州市政府斥资重建庙宇。2010年被全国旅游景区质量等级评定委员会评为AAA级旅游景区。

庙内有山门、碑亭、主殿、后殿、左右配殿及陈抟文化长廊。前殿雕五龙环绕的陈抟卧像。相传陈抟成仙后于颜店里讲经,讲得非常精彩,五个龙王变作五个白衣秀才前来听讲。后殿奉陈抟坐像,两童侍立。

相传农历十月十五日是陈抟诞辰日,民间有"十里荷花出陈抟"之说,故每年这天逢庙会,为当地一重大节日。后随着庙宇的废弃,庙会也不再举行。庙内立清光绪年间所刻"希夷故里"古碑一方,碑亭两侧分别立有"重修希夷故里"碑、"陈抟源流考"碑、"澳门陈族归乡认宗"碑。大殿内新塑希夷先生坐像,仙风道骨,飘逸睿智,令人肃然起敬。大殿楹联为:易理包天地,蓍龟冠古今。对联点出了陈抟的主要学术成就和他古今少有的高寿。后殿内有希夷先生石刻卧像。左右配殿内有陈抟生平介绍。

木兰祠

木兰祠位于谯城区城东南魏园村,祠南侧是木兰的出生地魏园,祠北侧是木兰墓(魏园孤堆),现为亳州市重点文物保护单位。

花木兰辞官后回到家乡,事亲终身,死后葬于故里。木兰祠,始建年代不详。现存木兰祠是20世纪90年代由原亳州市政府在原址投资兴建的。祠内有木兰墓和"木兰还乡"汉白玉石雕像,并立有《汉孝烈将军花木兰记》石碑,供人们凭吊瞻仰,不仅再现了当年花木兰的飒爽英姿,而且表现了故乡人民对这位巾帼英雄的无比怀念。

双公庙

双公庙位于蒙城县小辛集乡吕望社区,始建于唐,清末重修,是安徽省少有的唐代庙宇。今尚存前殿3间,供奉庄子;

后殿3间,供奉姜子牙。双公庙为砖木结构,建筑面积约140
平方米。姜子牙又名吕望,该镇因此而得名。1998年蒙城县
人民政府公布双公庙为县级重点文物保护单位,2001年年底
县政府拨款开始维修,2002年初修复工程结束,并正式对外
开放。

双公庙布局,依次为大三门、影壁、庄子庙三间、姜尚
庙三间和偏殿两间。庄子殿内一尊2米余高的庄子坐像,手
握书卷,气韵洒脱;后殿内的姜子牙塑像,伟岸凝神,气宇
轩昂。

道德中宫

道德中宫又名老祖殿或"老子行宫",位于谯城区老子
殿街,始建于唐,重建于明万历年间,为纪念老子而建的宫
观。内有老子《道德经》石刻,并列有关老子的文献资料。
道德中宫现有山门3间,上题"道德中宫"四字,中殿礼人
祖,后殿奉老子,塑高3.1米的老子像。东院有殿3间,敬
鲁班,门题"紫气东来",西院有殿3间,敬财神,门题
"青牛西渡"。道德中宫现已被列为安徽省重点文物保护
单位。

道德中宫前有问礼巷,传说是当年孔子向老子问礼之地。

东太清宫

东太清宫又名天心宫,是祭祀老子的宫观。位于涡阳县东
17公里,因为涡河流域有三个太清宫,此宫居东,故称东太
清宫。天静宫居中,则称中太清宫。河南鹿邑太清宫居西,故
称西太清宫。经实地考证,东太清宫始建于宋代,其后历代均

道德中宫正门

有修缮。宫前立有明熹宗天启二年（1622）碑记一块，碑文没有说明是始建还是重修。清宣统元年（1909），涡阳县人新疆巡抚袁大化进行重修，并树碑纪事。碑文称旧宫的正殿三间，供老子骑青牛像。重修后，增添两庑八间，为住持和道人居住。正殿西有三官司殿，前为祖师庙，西北有圣母庵。还在山门两侧接砌外墙，四周各十八丈。另外，建房子三间，供游人休息，并就出门的柱础和墙壁加梁复瓦建三清殿，塑立三清神像。修整后，东太清宫面貌一新，规模也有所扩大，但与中太清宫相比，还小得多。东太清宫主殿北墙外有一棵一千多年的皂荚树。

庄子祠

庄子祠始建于北宋，现存庄子祠位于蒙城县县城北漆园街道办事处，是蒙城县政府在宋代庄子祠旧址上新建的，总占地面积近52亩，总建筑面积1086平方米，全祠由祠堂建筑群与万树园两个部分组成。主要建筑有大三门、影壁、山门、逍遥堂、古衡门、濮池、五笑亭、观台、观鱼桥、梦蝶楼、南华经阁、东西碑廊、道舍、客舍等，建筑群呈汉代建筑风格。2011年5月庄子祠正式挂牌为国家AAA级旅游景区。

庄子祠院落大门的正中用隶书撰写着"庄子祠"三个大字，进入山门，是一座素朴的照壁，尊崇道教的唐玄宗李隆基书法集字"法天贵真"高悬其上，阐述了庄子持守其真、还归自然的主张和思想，衡门上的题字为"淡然无极"，寓虚静、恬淡、寂寞、无为之意。祠堂陈列宋朝著名文学家苏轼撰写的《庄子祠堂记》碑文。碑文体现的质朴与凝重，暗合庄子汪洋恣肆及飘逸的文风。

白衣律院

白衣律院又名白衣庵，因供奉白衣大士观世音而得名，位于谯城区交通路西端，是安徽省重点开放寺院和省重点文物保护单位。

清顺治六年（1649），白衣律院由僧人尽休创建，后经华山僧人妙湛、五台山盲僧德升、山西药商董继文先后扩建，规模宏大，建筑巍峨。为纪念盲僧德升和药商董继文，白衣律院山门一反习俗面向西北,正对山西方向。山门石匾上"白衣律院"四字为乾隆时期著名书法家邓石如手书。现在的白衣律院是由居港亳人唐德荫先生捐资兴建的。山门三开间,重檐歇顶,琉璃瓦屋面,门内两侧有四大金刚塑像。大雄宝殿为主体建筑,殿宽五间,殿内供奉白衣大士观世音的木雕像,后殿位于院北侧,五开间,另有配房50余间和完备的宗教活动设施。

袁氏宗祠

袁氏宗祠,即晚清山东巡抚袁大化故居,位于涡阳县青町镇大袁行政村,建筑均为砖石砌墙,小瓦覆顶,设计错落有致,为清代后期建筑,属县级文物保护单位。

据1983年《青疃区志》载,袁氏旧宅"计正堂九驾五间,东西厢房各三间,东偏为厨室,二门过道一间,周以内垣,二门外东西房各三间,大门三间,左右为门房,东西侧门二间,堂后仓房十一间,东西房各三间,周以外垣,西侧门外,开井泉一眼"。如今,故居现有房屋40余间,祠堂现有房屋10余间,为该县一处著名旅游景点。

义门清真寺

义门清真寺位于义门镇,大门朝东,是阿訇为回民讲经和主持教义的场所。占地3600平方米,创建于元朝初年,曾一度毁于战火,后又重修,现为县级重点文物保护单位。

现存礼拜大殿5间(正殿),重梁起架,明柱走廊,花格门窗,立于80厘米高的崇台上,房屋高大、宽敞明亮。南北讲堂各5间,北讲堂东端前有古皂荚树一株,树下有无字石碑一块，碑长 2.5 米，宽 90 厘米。前有大门两重，前大门两间，清代建筑，砖瓦结构，上覆灰色小瓦，龙纹脊饰。二道大门为新建，楼房式 2 间 2 层。现有前后殿堂等建筑，占地面积 3200 平方米，有阿訇 2 人、海里凡 2 人。

蒙城文庙

蒙城文庙，又称孔子庙，亦称黉宫、黉学，又称孔庙，始建于元至元二十一年（1284），是祭孔、演礼和办学的地方。文庙自前而后依次为棂星门、泮池、泮桥、大成门和大成殿（孔子被称为"集大成之先师"）。棂星门正对青云街，取其"平步青云"之意。棂星门的西南侧有一井，名"圣井"，其"圣井甘泉"为蒙城八景之一。现存大成殿、节孝堂、忠义堂等建筑 36 间，占地面积 1940 平方米，是皖北地区规模较大、保存较为完好的孔庙。大成门东连名宦祠，西连乡贤祠。大成殿前东西各有配庑，殿东为节孝祠，殿西为忠义祠。东院是文昌阁，西院是明伦堂。

大成殿是文庙的主体建筑，也是淮北地区保存最完整、规模最宏大的文庙大殿。殿内正中供奉孔子神龛牌位和塑像，两侧置颜回、曾子、子思、孟子的塑像牌位。殿上方悬挂着康熙、乾隆皇帝御书"万世师表""生民未有""与天地参"三块匾额。殿前阅台高一米余，上有汉白玉栏杆，愈加显得气势恢宏。

九鼎灵山寺

九鼎灵山寺位于蒙城县小涧镇狼山之巅。寺庙建于明末，清乾隆四十九年（1784）、光绪二十年（1894）曾进行大修。相传唐初尉迟敬德曾在此建当阳寺。庙宇为砖石结构，分前、中、后三大殿，并有偏殿和耳殿，总建筑面积为 600 余平方米。

前大殿三间，硬山顶叠梁式建筑结构，朱红庙门居中，门楣上方嵌有砖雕"九鼎灵山寺"五个大字。此殿为布瓦歇山顶，正脊饰有砖刻浮雕，正面中间的浮雕是太极八卦图，两边是荷花图案，殿内东西两间分别塑有关公、二郎神像；正殿是全寺的主殿，硬山顶悬梁式结构，正脊亦饰有砖雕浮刻，正面浮雕二龙戏珠图，大殿正中塑有"玄天上帝"的神像，玄天上帝座下有一口小井，当地百姓称其为"海眼"；正殿东西分别供奉铁铸降龙、伏虎罗汉神像，一个臂挽青龙，一个脚踏白虎；后殿是硬山顶悬梁式建筑结构，清瓦布顶，灰砖立脊，扣瓦滴檐，无饰无雕。据史书记载，九鼎灵山山上、山下寺院众多，香火旺盛。

马公府

马公府坐落在蒙城县城西 25 千米的马集镇，是清末反帝爱国名将马玉昆的府第，又称"忠武祠"，现被蒙城县列入重点文物保护单位。

据史料记载，马公府始建于清朝末期，规模宏大，金碧辉煌。整个建筑布局为倒"品"字形，砖木框架结构，古朴典雅，房梁一般为三层垛梁，在屋檐、房梁之上，存有大量砖雕、木雕，有很高的艺术观赏价值和考古价值。马公府现存房屋 22 间，分前、后两进院子，后院又分为东、西两院，修缮后的马公府宅院完整、结构严谨、气势依然，是目前皖北地区规模较大、整体保存较为完整的清代古民居。

新四军第四师纪念馆

涡阳县新四军第四师纪念馆坐落于涡阳县新兴镇,距涡阳县城 20 千米,是安徽省重点文物保护单位、安徽省爱国主义教育基地、安徽省国防教育基地、安徽省青少年爱国主义教育基地,国家 AA 级旅游景区。

新四军第四师纪念馆原为新四军第四师司令部旧址,新四军第四师在新兴集期间,设有政治部、锄奸部、民运部、参谋部、军法部、副官处、供给处、拂晓报社等十多个司令部直属机关。1994 年 5 月 2 日,中央军委副主席、原新四军第四师参谋长张震来新兴集故地凭吊,并题写"新四军第四师纪念馆"馆名。司令部旧址房屋于 1940 年"6·1"战斗中被日军焚毁,后修复。现在,司令部为重梁起架、花格门窗、合瓦覆顶、砖木结构的四合院,有房 16 间,其中东厢房 3 间,是彭雪枫的旧居。在司令部西侧,有原中央军委副主席张震题写的"新四军第四师纪念馆"的牌楼大门,院内中央新四军第四师纪念馆有彭雪枫骑马铜像一尊;铜像东侧有彭雪枫德政碑一座;西侧有刘少奇、张震旧居和拂晓报社及其他建筑共 18 间。室内陈列有各种图片和革命文物。

新四军在抗日战争中,对日伪作战 6500 多次,歼敌 5 万多人,使日寇顾此失彼,大大削弱了日军在太平洋战场上的作战力量,有力地支援了世界反法西斯的正义战争。新四军的战斗历史是新中国诞生的见证。

2010 年 9 月 27 日,在涡阳县委、县政府和县旅游中心的大力争取下,新四军第四师纪念馆被列入国家二期红色经典旅游景区建设项目，计划投资 2850 万元，其中申请国家补助资金 2000 万元，地方配套资金 850 万元，力争把新四军第四师纪念馆打造成国家 AAAA 级旅游景区，让这一红色旅游经典景区成为安徽省一处靓丽的风景区，让彭雪枫将军的光辉业绩和新四军的优良传统永远昭示后人。

辉山革命烈士陵园

辉山革命烈士陵园，建于涡阳县城东 32 千米曹市镇的辉山之巅，始称辉山烈士公墓，为纪念新四军第四师师长彭雪枫领导的第十一旅在涡北抗日殉国的 300 余名烈士而建。现在，辉山革命烈士陵园已成为一个爱国主义教育基地。

辉山革命烈士陵园

在时任雪涡县县长李晨同志及青町、曹市、檀城等区乡的领导和大力支持下，辉山革命烈士陵园由十一旅三十二团宣教股股长丁永年同志主持施工，历时四个半月，于 1945 年 12 月全部落成。十一旅全体指战员及地区专署和各县代表参加了公祭,以激励生者之壮志,告慰烈士之英灵。

1946年6月,蒋介石发动了全面内战。当地的土顽破坏了辉山烈士陵园。他们拆掉围墙,扒倒牌坊,砸断对联,打碎碑石,拆除亭子,毁坏匾额,并强迫群众推倒纪念塔、挖掘烈士墓,后此举在群众的强烈反对下未能得逞。然而,整个陵园除纪念塔和烈士墓外,其余全遭破坏。自1947年始,辉山革命烈士陵园进行了三次修复,重修了纪念塔,加固了烈士墓,修筑了围墙,栽植了松柏,并将断碎的四块石碑换成新的,其中包括纪念彭雪枫同志的五星形石碑,以慰忠魂于泉下!

辉山革命烈士陵园布局严整、肃穆。入口处有依坡修成的十级石阶,正面是牌坊式大门,中为圆形门,两边中门横额是毛泽东的题词:"死难烈士万岁",两侧为朱德的题匾:"浩气长存"。进入牌坊,建有八角亭三座。中亭最大,侧亭较小,中亭上挂有"精忠报国"的金字匾额,亭内正面挂着彭雪枫师长的巨幅画像,亭内石碑两块,有彭雪枫传略和碑文、挽联多副。两个侧亭内也各立三块石碑,立柱、亭壁写满挽联、匾额、碑文。

陵园中央,矗立着一座15米高的纪念塔,塔身5层,塔前立一块高10米的长石条,上刻"新四军第四师第十一旅涡北抗战殉国烈士纪念塔"21个大字。塔座为五星形公墓。墓前建一碑亭,碑刻300余名烈士英名。

蒙城板桥战斗纪念馆暨雪枫公园

板桥战斗纪念馆暨雪枫公园,位于蒙城县板桥镇,是国家

AAA级旅游景区。纪念馆为纪念八路军第四纵队在淮北板桥集抗击日伪军进攻的战斗而建。新四军在战斗中击落敌机的照片陈设在四师纪念馆,当年被击落的飞机则陈列在板桥雪枫公园内。

2007年遗址建起板桥雪枫公园,公园紧邻河面,水陆面积约40公顷,公园内有板桥战斗纪念碑一座,周围长廊短亭,绿水环绕,是休闲度假的好去处。

亳州博物馆

亳州博物馆为仿汉城堡式建筑,为综合性博物馆。馆名于1963年由时任中国科学院院长郭沫若题写。博物馆占地38亩,建筑面积5200平方米,室内陈列面积2800平方米,文物库房建筑面积1200平方米。

亳州博物馆

亳州博物馆一层主展馆的陈列主题为《穿越五千年——亳州文化寻源》,按照历史发展的脉络,展示了亳州博大精深的文化魅力和多姿多彩的文物形态。展览主题由序厅、涡河文明、商汤都亳、道源圣地、汉魏风骨、天下望州、亳商市井、近代和当代亳州八个部分组成，展出文物810件套。在内容编排上，一层展馆融科学性、艺术性、趣味性、互动性为一体，既有精美的文物鉴赏展示，也有大信息量的文物、亳州相关景点电脑查询，还有亳州博物馆景观、沙盘、三维动画等立体形象展示，便于观众对文物内在思想的理解及亳州文化源流的整体认知。博物馆二层为临时展厅，充分利用亳州丰富的文化资源优势，进行系列专题展览。

自2010年6月新馆开放以来，亳州博物馆紧紧围绕中心服务大局，以展示亳州五千年历史文化风貌、促进社会主义文化大发展大繁荣为重任，充分发挥基层公共文化服务基地作用。亳州博物馆实行免费开放制度，截至目前，接待游客已超过100万人次，其中省部级领导达30多人次。与此同时，二层展室先后举办具有鲜明特色文化内涵的展览37次，有力地丰富了群众的文化生活，弘扬了时代主旋律。在新馆开馆仅两年的时间里，亳州博物馆在反映城市文明进步、加强社会教育、改善民众生活、促进社会发展等方面发挥了积极作用并取得了辉煌成就。

白鹭洲国家级水利风景区

白鹭洲国家级水利风景区位于亳州市利辛县城东南18千米处，是以茨淮新河水利工程为依托，以水利文化展示为主体，以生态旅游休闲度假为主要发展方向的综合性风景区。景区总占地面积120公顷，其中陆地面积80公顷，水面40公顷。景区内茨淮新河、利阚新河、白洋沟、月牙河等水系交错，老利凤路穿境而过，把整个景区划分为四个相对独立的岛屿。其中西三角洲有水杉林、杜仲林、柳林、竹林、枇杷林、桂花林6个专题园林区，景区内"闸抱水、水漫闸"，"洲衬水、水映洲"，碧水清清，波澜不惊，渔歌互答，鹭鸟翔集，一派朝阳伴春草生辉、落日与秋水一色的靓丽美景。2009年8月，白鹭洲水利风景区被国家水利部正式批准为国家级水利风景区，12月被评为国家AAA级旅游景区。

茨淮新河白鹭洲风景区

3 商贾踪迹

花戏楼（山陕会馆）

花戏楼，坐落于亳州城北关。始建于清顺治十三年（1656），为山西商人王璧、陕西商人朱孔领发起筹建，后经康熙、雍正、乾隆三朝百余年的多次扩建，面积达3163平方米。因这里主奉关帝,又称"大关帝庙"。因戏楼遍布戏文,彩绘鲜丽,俗称花戏楼。

花戏楼

清顺治十三年(1656)集资重修大关帝庙,康熙十五年(1676)建歌台,即戏楼。花戏楼大殿为主体建筑,戏楼辅衬。大殿高10米,后为正殿,殿中供奉关羽木雕像,两侧立关平、周仓像,后毁于日军侵华战火。戏楼舞台呈"凸"字形。台正中书"演古风今"四个金字,台前悬木对联一副,右书"一曲阳春唤醒今古梦",左书"两般面貌做尽忠奸情"。戏楼东侧为钟楼,西侧为鼓楼,两楼中间是前门,系仿木结构三层牌坊式水磨砖面建筑,一幅幅精美砖雕镶嵌其间。大殿前置铁鼎侧立铁鹤一对,足蹬神龟,高3米,重500余千克,铸于康熙三十三年(1694)。

花戏楼有"三绝":正门前两根旗杆,每根重6吨,高16

余米，直插云霄，是为花戏楼一绝，旗杆分五节，每节分铸八卦蟠龙，顶端铸丹凤一只，造型生动，旗杆上还有三层方斗风铃24只，迎风叮当作响，清脆悦耳；花戏楼的第二绝是木雕，共雕有三国戏文十八出，人物数百个，神态各异，龙争虎斗，惟妙惟肖，呼之欲出；花戏楼的第三绝在山门，花戏楼的山门是一座仿木结构的三层牌坊式建筑，上面镶嵌闻名天下的立体水磨砖雕，玲珑剔透。花戏楼的砖雕，属徽派微雕艺术，在不足5厘米厚的水磨青砖面上，共雕人物115人、禽鸟33只、走兽67只，楼台殿阁多处，花草树木无数，内容涉及中国的宗教、历史、政治、军事、风俗民情等诸多方面。1988年1月国务院公布花戏楼为全国重点文物保护单位。

江宁会馆

江宁会馆位于谯城区古泉路中北侧，是南京药材商人为经销方便，于清嘉庆十二年（1807）在圆觉寺的基础上集资改建（因圆觉寺自康熙朝由南京商人管理使用）而成，具有祭祀神灵、祈福求财、交流信息、商务活动、方便起居、娱乐休闲等功能。

会馆坐北朝南，青砖灰瓦。现存山门、戏楼、配楼、钟楼、鼓楼、看楼、正殿、偏殿等古建筑，计52间。山门3间，明间正门匾额镶嵌砖刻"江宁会馆"四个大字，东西次间匾额，分别镶嵌"钟山""分秀"碑刻大字，意为将钟山之秀分到亳州来。进入山门即是戏楼，戏楼与大殿南北相对而建，舞台前凸，木结构，屏风彩绘"二龙戏珠"图案，上悬"秀接钟山"匾额，整座戏楼建筑集南北风格于一体，秀丽多姿，看楼与钟鼓楼分列东西两侧,檐廊弯绕,构成一个古老的四合院,具有鲜明的亳州地方特色。江宁会馆对研究清代早期建筑艺术、宗教、商务具有重要价值。1989年5月安徽省人民政府公布江宁会馆为省重点文物保护单位。

南京巷钱庄

南京巷钱庄是山西"平遥帮"票号在安徽设立的较早的分号之一,建于道光年间。钱庄是两层三进四合院建筑,四通八达,建筑风格中西合璧,布局严谨,自然合理,对研究古代商铺建筑具有很高的价值。亳州原有好几家钱庄,离南京巷不远。如今只有南京巷的古钱庄保存完好,其他的已经破坏殆尽。

南京巷钱庄外景

钱庄的整体建筑是一座三进四合院,共有三道院子九道门,寓意"长长久久"。这九道门是前门大后门小,越往后越小。还有一条下水道,寓意"财源广进似流水"。天井院式的建筑,是典型的徽派商铺式风格。下雨的时候雨水从四边的房檐上流下，寓意四季来财，肥水不流外人田。掌柜房的摆设也很有讲究，厅台上有四个瓶子、一面镜子，寓意平平静静、四平八稳。

钱庄建筑对防盗的要求非常高。钱庄的大门上包裹了铁皮，钉上铆钉，两边有错落的门槽，大门关上以后，门缝连刀片都插不进去；屋顶上方有铁丝网，网上有铃铛，如若有人从上面爬过，碰到铁丝，铁丝上的铃铛就会发出响声报警；墙体是中空的，里面装有沙子，如果有小偷打洞偷盗的话，沙子会自行流下把洞口堵住。除了防盗之外，这样的墙体还可以防火，如果有火灾发生时，把墙砸开，沙子流下来就可灭火；沙体墙还能防潮，钱放在屋里很容易生锈，而沙子可以吸潮。

南京巷钱庄共有门厅、中厅、后厅、信房、账房、掌柜房、金库等30多间。信房管人事，中厅用来接待，账房负责银钱出纳等，相应机构一应俱全，分工明确，这套完备的金融管理制度曾经让很多西方管理专家叹服。南京巷钱庄建筑风格中西合璧，布局严谨，保存完整。现在，钱庄对游人开放，办有亳州钱庄兴起、发展、消亡专题陈列展，对研究近代钱庄的历史和商铺建筑有重要价值。2013年，南京巷钱庄被列入全国重点文物保护单位。

亳州北关历史街区

亳州北关历史街区，又称北关老街。现在的亳州老街主要指北门口以北，涡河以南的老街区。街区有著名古迹花戏楼、南京巷钱庄等历史文化遗迹。当今，街区保存古街近20条，街貌依旧，建筑典雅，是研究明清中原商贸文化不可多得的实物资料。亳州的街道是由经济兴盛而形成的，当时的经济是靠涡河航运发展起来的。春秋时这里即为邻邦物产重要交流之地，唐宋时为贸易的据点，明清已达鼎盛，成为区域经济中心。历史上，这里汇聚了全国十多个省和地区的三十三家商业会馆，其中湖广会馆、河南会馆、山陕会馆（花戏楼）、江宁会馆等规模最大，功能也较齐全。清末民初，这一区域有大小钱庄三十三家，各类商店、栈、号、行、庄近千家，成了名副其实的"小南京"。

在亳州，早有"七十二条大街，三十六条古巷"之说。光绪年间，亳州有大小街道146条，其中北关商业区街道57条。北关的街道大多数是商业区，商店多是深檐板门的明清式建筑，并以石条铺地。在这诸多大街小巷中，名气最大的就是八步六条街（又叫水门关街）。八步街之短，当地人夸张地说只需走八步，就能从亳州老街巷街头走到街尾。它虽然很短，却紧连着其他六条街。这里的街道大多以行业命名，一街一市，而且条条街道风格迥异。如东北方向的叫帽铺街，在清代以销售各式帽子而闻名远近；南面是卖布的，称白布大街；西边是卖竹爬子的，叫爬子巷；正东方向是卖煤的煤场街，还有卖鲜鱼的德镇街。现在帽铺街以卖竹器为主，白布大街则主要销售百货和兼营批发，其余的已成为居民区。虽然这些街道已不同于从前，但是大部分依然保留了古风旧韵。今天，我们漫步在古街巷，仍可体会亳州旧时商业的繁荣。

古井酒文化博览园

国家AAAA级旅游景区，位于亳州市谯城区古井镇，包括古井酒文化博物馆、古井酒工业生产观摩区、魏井园和古井园四大部分。2007年被省旅游局评为国家AAA级旅游景区，2008年被国家旅游局评为AAAA级旅游景区。

古井酒文化博物馆为仿明清宫廷建筑，是安徽"十大"行业馆之一，也是国内最早的酒文化博物馆之一，连同古井酒厂、魏井、宋井，被国家旅游局命名为"工业旅游示范点"。博物馆建于1994年，占地3200平方米，建筑面积2200平方米，总投资近2000万元，由北京故宫博物院专家陈列布展，1996年对外开放。整座建筑风格独特，整体布局巧妙，汉式阙门，明式主体，院中左右草坪上树立两座重9吨、高2.7米的商代造型的石斝，显得格外凝重。尤为引人注目的是大殿明柱上的一副贴金楹联："佳酿千年传魏井，浓香万里发汤都"，系启功先生题赠。大殿是博物馆的主要建筑和陈列展览区域，为仿明清琉璃瓦双重檐殿宇式建筑。汉阙门、明清殿形成"古井特色"的风格：意为古井贡酒始于汉代，昌盛于明清（贡品），今日正逢盛世。展厅的陈列展览分两个楼层，面积为1152平方米。一层大厅迎面的红木屏风上镶有江泽民等国家领导人与古井贡酒有关的照片。展厅主要是蕴含古井风格的酒文化历史文物陈列展览，叙述古井贡酒这个蕴含酒文化的品牌在历史文化名城的氛围下熏陶成长的历史，用大量的文字、图片、文物简介中国酒文化，如酒源、酒政、酒礼、酒诗、酒趣等。二层是古井贡酒生产工艺流程模型和古井集团从一个手工作坊发展到今天现代化企业的发展历程。二层有"名酒荟萃"和"古井画廊"两个展厅。"名酒荟萃"陈列着全国白酒历届评酒会评出的金奖名白酒 17 种及全国所有参评样酒；"古井画廊"展厅展出该馆收藏的启功、沈鹏、楚图南、杨得志、耿飚、赵朴初、溥杰、邓琳、廖沫沙等人的作品，还有孙轶青、吕济民、罗哲文等文博专家的题词。

主要景点有省级文物保护单位的宋代地下古井和功勋窖池。功勋窖池是明代窖池，现在依然使用。古井园是苏州园林式建筑群，假山秀美，溪水潺潺、曲廊幽幽。山上有亭、山下有竹、竹中猴吟、林间鸟鸣，既是古井商务接待中心，又是人们休闲的好去处。魏井园，位于酒厂北区，内有古井一眼，据传系春秋古井，到汉代该井井水主要用于造酒。南北朝时，梁咸阳王元树镇守亳州，北魏樊子鹄围攻亳州，元树被杀，葬于该井旁。当地人为纪念这位为国捐躯的英雄，将该地命名为咸王店（20 世纪 80 年代改称古井镇）。后来北魏将军独孤信战败，退之咸王店，弃金铜长戟于井中，于是井水更加清澈甜美，此水酿酒酒质更佳，人们称此井为魏井。魏井旁有一古槐树，这是古井贡酒的商标，井上有古井亭，亭子内有赵朴初、沈鹏、溥杰、启功四大名家的题匾。古井园的碑廊建筑古朴，碑质优良。生产观摩区包括发酵、蒸酒和包装三个车间，既可以了解古井贡酒的主要工艺流程，还可以品尝刚生产出来的新酒。

康美（亳州）华佗国际中药城

康美（亳州）华佗国际中药城于 2013 年 11 月 24 日投入使用，是目前全球最大的一站式中药材交易市场。

康美华佗中药城位于亳州经济开发区，总投资 15 亿元，占地 1000 亩，建筑面积 120 万平方米。康美华佗中药城交易大厅借鉴世博会中国馆的中国红元素,以亳州市市花"芍花"为设计理念,总建筑面积10万平方米,是原中药材交易大厅的3倍,而且有配套的金融、餐饮、通信等服务设施,功能更加完善。康美(亳州)华佗国际中药城的投入使用,使上万药商喜迁新居,对进一步规范中药材交易,擦亮"中华药都"品牌,推动亳州市中药材产业发展,影响深远。

六　现代风貌

1 经济发展

地级亳州市成立以来，在市委、市政府的坚强领导下，全市人民深入贯彻科学发展观，积极开展"全民创业行动"，深化改革开放，励精图治，拼搏奋进，走出了一条艰苦创业的发展道路，开启了亳州发展的新纪元，谱写了与时俱进的新篇章。

2013年，全年生产总值（GDP）791.1亿元，人均GDP为16071元（折合2595美元）。财政收入103.5亿元，城镇居民人均可支配收入22605元，农村居民人均纯收入7456元。

全年粮食作物种植面积854200公顷，其中优质专用小麦面积383600公顷，油料种植面积11400公顷，棉花种植面积14200公顷，蔬菜种植面积95600公顷，药材种植面积54500公顷。全年全市粮食总产量89.5亿斤，实现"八连增"。林业共完成育苗面积1300公顷，四旁植树1232万株，人工造林面积8000公顷，林木覆盖率达18.6%。2013年末，市级以上农业龙头企业达394家，其中国家级4家，省级50家。全市新建农民专业合作社省级示范点35个，拥有农民专业合作组织4579个，合作组织成员38.5万人。

小麦丰收

工业结构调整加快，优势产业主导作用不断增强。实施特色产业升级工程，成立了十大产业发展战略研究推进工作领导小组，编制发展战略研究报告，特色重点产业不断壮大，着力构建技术创新体系。2013年末，规模工业企业达626家，规模工业总产值为732.3亿元。煤炭开采和洗选业、农副食品加工业、饮料制造业、化学原料及化学制品制造业、医药制造业、非金属矿物制品业、木材加工和木竹藤制品7个行业的利润均超亿元，累计实现利润33.9亿元，占全部规模以上工业的81.5%。

2013年全社会建筑业增加值为50.9亿元，房屋建筑施工面积为269.7万平方米,房屋竣工面积为180.8万平方米。

2013年固定资产投资541.5亿元,比上年增长25.8%。其中,城镇投资509.5亿元,增长23.9%;农村投资32.0亿元,增长68.1%。工业及信息化产业技术改造投资79.7亿元,增长10.3%。六大高耗能行业投资比重较上年下降了1.1个百分点。

全年共安排"861"行动计划项目255项,当年完成投资356亿元,市政府重点协调调度项目327个,完成投资389.3亿元。古井生态产业园、杉杉服饰、东方帝维等项目建成投产,广药集团大南药大健康双产业基地、修正药业、德通绿色食品等一批重大项目加快实施。105国道涡河大桥、307省道亳涡段一级公路改造项目基本建成,济祁高速亳州段等项目开工建设,商杭高铁获国家发改委批复立项,皖江城际铁路网规划中的亳蚌铁路、徐淮铁路已通过国家发改委评审,亳州机场前期工作进展顺利。

亳州南部新区

2013年入境旅游人数3.03万人次，国内游客1094.9万人次。旅游总收入76.7亿元。全市共有A级旅游景点（区）32处，星级酒店13个，旅行社31家。

2 开放招商

亳州市坚持实施"走出去""请进来"战略，以友城拓展为支撑，以促进经济发展和社会进步为目标，努力提高对外开放水平。目前，已与日本国高知县四万十市、京都府京丹后市，韩国庆尚北道荣州市，丹麦王国斯文堡市和厄瓜多尔克维多市，南非维岑堡市6个城市正式缔结国际友好城市关系，与俄罗斯斯摩棱斯克市、巴西维涅多市、马来西亚诗巫市建立了友好交流和全面合作关系。同时，亳州还与日本国城市发展推进中心、韩国地方政府国际化协会、美国全美华裔联合会、德国华商联合会、德中友协斯图加特分会、南美洲华人贸易促进会等16个国家的35个政府机构和社团组织建立了友好合作关系。

加强中医药领域的科技合作。定期派团参加韩国"人参节"、日本"东洋医药文化节"和丹麦的"欧洲中医药大会"，邀请有关国家来亳参加一年一度的"中药材交易会暨国际（亳州）中医药博览会"，以此推动友好城市间中医药领域的经贸合作，国际知名度逐年提高，中药材出口创汇连年攀升。大力推进教育文化体育合作，韩国东洋大学和庆北专门大学接受亳州市130多名留学生，还实现了与日本京丹后市中学生友好代表团的互访,增进了两市青少年的交流与了解。连续派团参加韩国荣州小白山马拉松比赛,实现了民间武术代表团的互访和友谊比赛。

亳州正大力加强开发区和工业园区建设,积极为外来投资者提供投资兴业的平台。目前,共有省级开发区和工业园区5个。园区内基础设施建设逐步完善,配套日益齐全。

发达的亳州电力

亳州市强力推进招商引资工作,创新招商方式,不断拓宽投资渠道,突出招商重点领域,转变政府职能,增强服务意识,完善外来投资服务体系,落实好"一站式"服务。全年实际利用市外内资819.6亿元,增长34.7%,海螺集团新型建材、奇瑞农机、科创集团健康产业城等一批投资几十亿、上百亿元的项目签约或落户亳州;大连万达、太安堂等一批知名企业、上市公司进驻亳州。加快重大项目建设,131个省"861"

项目完成投资350亿元，336个市重点项目完成投资389亿元。商杭高铁等一批打基础、管长远的重大项目加快推进。大力发展外向型经济，全年新批外商投资企业6家，合同利用外商直接投资0.1亿美元，实际利用外商直接投资5亿美元。2013年进出口总额4.3亿美元，其中出口3.8亿美元，进口0.5亿美元。

3 科教事业

深入实施科教兴市战略，依靠科技进步和技术创新，实施"1468"战略布局和"125"行动计划，为亳州市经济社会持续、快速和协调发展提供科技支撑和技术引领。2013年末，亳州市高新技术企业达到28家，高新技术产品达多项，共有各类专业技术人员7.1万人。有省级以上工程（技术）研究中心27家，其中国家级2家，并设有安徽亚珠金刚石股份有限公司院士工作站、济人药业刘昌孝院士工作站、安徽安欣牧业发展有限公司安徽院士工作站和安徽古井集团有限公司国家级博士后科研工作站。院士、博士后工作站相继落户亳州，有利于促进全市产学研在更高战略层面的深度合作，促进企业核心竞争力的进一步提升，为亳州市企业凝聚高端人才、推进自主创新搭建一个新的平台。

百年大计，教育为本，经济发展，教育先行。亳州围绕"科教兴亳、人才强市"的战略目标，以办人民群众满意的教育为目标，全面推进素质教育，深化教育改革创新，教育资源配置进一步优化,软硬件建设得到提高。亳州市普通高校 2 所,在校学生 1.2 万人。各类中等职业教育(不含技工学校)在校生 7.1 万人。普通高中 25 所,在校生 8 万人。普通初中 266 所,在校生 17.9 万人,初中阶段适龄人口入学率 99.4%。小学 1359 所,在校生 45.18 万人,小学学龄儿童入学率 99.8%。各级各类成人学校毕业生 7.7 万人。全面实施免费义务教育,受益学生 59.1 万人。

4 文化、卫生和体育

2013 年末,全市共有专业艺术表演团体 72 个、文化馆 4 个、公共图书馆 5 个、博物馆 3 个、乡镇综合文化站 87 个、农家书屋 1424 家。全年免费送戏下乡 4381 场。全国重点文物保护单位 7 处,省级重点文物保护单位 37 处,市级重点文物保护单位 15 处。国家级非物质文化遗产名录入选 2 项,省级名录入选 20 项,市级名录入选 59 项。广播电台 4 座,中波发射台和转播台 4 座,广播人口覆盖率 100%。电视台 4 座,有线电视用户 21 万户,电视综合人口覆盖率 100%。2013 年出版报纸 1 种,总印数 840 万份。各级档案馆 5 个,馆藏档案资料 24.3 万卷(件、册),库馆总建筑面积 1.5 万平方米。

全市共有卫生机构 358 个,其中医院 37 个,卫生院 94 个,社区卫生服务中心(站)99 个,妇幼保健院(所、站)5 个,疾病预防控制中心 5 个。卫生技术人员 12864 人,其中执业(助理)医师 4470 人,注册护士 4862 人。卫生机构实有床位13063张。全年诊疗1909.5万人次。村卫生室1266个,乡村医生和卫生员6560人,农村有医疗点的村占总村数的100%。参加新型农村合作医疗的农业人口523.4万人,参合率97.6%。

全市共有体育场地1200个。其中,体育场9个,体育馆2座。2013年在国际和国内的重大比赛中,亳州市运动健儿获3枚奖牌。"全民健身"系列主题活动蓬勃开展,共开展全民健身项目190项次,全民健身运动参加人数10万人,全年共举办百人以上群众体育活动90次。

5 社会保障

2013年末,全市参加城镇基本养老保险16.8万人、城镇职工基本医疗保险19.3万人,参加失业保险15.1万人,全年为1774名失业人员发放了不同期限的失业保险金。全市参加工伤、生育保险的人数分别为14.4万人和13.5万人。

被征地农民养老保险制度全面推进,年末被征地农民参保人数9.3万人,覆盖率为97.3%。新型农村养老保险试点工作稳步推进,参保人数335.7万人。农村低保提标扩面全面完成,2013年末保障人数20.8万人,全年发放低保金3.4亿元;城市低保应保尽保,年末保障人数3万人。

全市有各类收养性社会福利院床位2.3万张,收养各类人员1.7万人。城镇建立各种社区服务设施351个,其中综合性社区服务中心69个。全年销售社会福利彩票2.3亿元,筹集公益金0.3亿元。

在建设美好亳州、活力亳州、幸福亳州的征途中,亳州人民在市委、市政府的坚强领导下,继续以昂扬向上的斗志、敢为人先的锐志、只争朝夕的精神,努力开创亳州辉煌灿烂的未来。

参考文献

《亳州年鉴（2013）》，安徽人民出版社，2013。

《人文亳州》，安徽人民出版社，2013。

《老子故里道源涡阳》，安徽人民出版社，2013。

《亳州市志》，黄山书社，1996。

《蒙城县志》，黄山书社，1994。

《涡阳县志》（含续修暂未出版部分），黄山书社，1989。

《走进亳州》，亳州市人民政府新闻办公室。

《亳州市志（2000~2009）》，方志出版社，2010。

《亳州市2013年国民经济和社会发展统计公报》，亳州市统计局、国家统计局亳州调查队，2014年3月26日。

史话编辑部

主　　任　宋月华

副 主 任　黄　丹　杨春花　于占杰

成　　员　(以姓氏笔画为序)
　　　　　　王　和　王玉霞　刘　丹　孙以年
　　　　　　连凌云　范明礼　周志宽　高世瑜

行政助理　苏运才

图书在版编目(CIP)数据

亳州史话/亳州市文联编.—北京：社会科学文献出版社，2014.10

（中国史话）

ISBN 978-7-5097-6376-6

Ⅰ.①亳… Ⅱ.①亳… Ⅲ.①亳州市-地方史 Ⅳ.①K295.43

中国版本图书馆 CIP 数据核字（2014）第 186790 号

"十二五"国家重点图书出版规划项目

中国史话·社会系列

亳州史话

编　　者 / 亳州市文联
出 版 人 / 谢寿光
项目统筹 / 宋月华　谢　安
责任编辑 / 王玉霞
出　　版 / 社会科学文献出版社·人文分社（010）59367215
地址：北京市北三环中路甲29号院华龙大厦　邮编：100029
网址：www.ssap.com.cn
发　　行 / 定制出版中心（010）59366509　59366498
市场营销中心（010）59367081　59367090
读者服务中心（010）59367028
印　　装 / 北京鹏润伟业印刷有限公司
规　　格 / 开　本：889mm×1194mm　1/32
印　张：6.25　字　数：133千字
版　　次 / 2014年10月第1版　2014年10月第1次印刷
书　　号 / ISBN 978-7-5097-6376-6
定　　价 / 25.00元

本书如有破损、缺页、装订错误，请与本社读者服务中心联系更换

▲ 版权所有 翻印必究